行政書士
渉外相続業務

「外国法調査・手続」と「国際私法の基礎」

税務経理協会

はしがき

　日本に住む外国人が増えています。これらの外国人が日本国内で亡くなったとき，相続の手続はどのように進めればよいのでしょうか。

　私が初めてイギリス人の相続手続の依頼を受けたとき，なにから手を付ければよいのか，その先どう処理すればよいのか皆目見当がつきませんでした。また，このような「渉外相続」の業務を手がけている同業者もまわりにいなかったため，だれにも相談できず，手探りでゴールまでたどり着いたというのが実情です。

　本書は，「渉外相続」の案件を初めて受任する行政書士など専門職の皆さんを主な対象にした手引書です。また，外国人相談窓口業務に携わる相談員など広く外国人支援にかかわっている方々にも，手続の概要を参考にしていただけるはずです。本書では，イギリス人の相続実例をもとに，業務のプロセスを具体的にイメージできるように解説しました。

　「渉外相続」の業務を受任したとき，まず参照するのが「法の適用に関する通則法」という日本の法律です。この法律が属する国際私法という法分野では，民法や刑法，行政法など多くの実定法とは異なる独特の思考方法が求められます。また，たとえばイギリス人の相続であればイギリス法を実際に調べなければならないなど，外国法調査という作業が不可欠です。国際私法の考え方，外国法調査の方法についても本書では基本から丁寧に説明しました。

　本書の刊行にあたっては，長野県行政書士会の高野聡子氏には原稿全体に目を通していただき貴重なご意見をいただきました。松本市多文化共生プラザ（外国にルーツを持つ住民のための松本市相談窓口）相談員の同僚にも有益なアドバイスをいただいています。また，税務経理協会編集第1グループ部長の小林規明氏には，拙著『特定行政書士法定研修考査合格対策　要点解説と模擬問題』(2019年)に引き続き多大なご協力をいただきました。皆様に厚く御礼を申し上げます。

2021年3月

岡田　忠興

主要目次

目　　次

資　　　料

凡　　例

1　法令

　　法令名は，正式名称で示しているほか，以下の略語でも記載しています。

　　法の適用に関する通則法　通則法

2　判例

　　判例は，以下のように略して記載しています。

　　　最高裁平成 6 年 3 月 8 日第三小法廷判決　最三小判平成 6 年 3 月 8 日

　　　東京地方裁判所平成 5 年 1 月 29 日判決　東京地判平成 5 年 1 月 29 日

　　　青森家庭裁判所十和田支部平成 20 年 3 月 28 日審判　青森家十和田支審平成20
　　　　　　　　　　　　　　　　　　　　　　　　　年 3 月 28 日

　　判例集の略語は以下のとおりです。

　　　民集　最高裁判所民事判例集

　　　判時　判例時報

　　　判タ　判例タイムズ

　　　家月　家庭裁判月報

3　文献

　　『国際私法判例百選［第 2 版］』（有斐閣，2012 年）は，百選と略して記載してい
　ます。

4　国名

　　国名は，以下のように略して記載しています。

　　　グレートブリテン及び北アイルランド連合王国　イギリス

　　　アメリカ合衆国　　　　　　　　　　　　　　　アメリカ

　　　オーストラリア連邦　　　　　　　　　　　　　オーストラリア

　　　中華人民共和国　　　　　　　　　　　　　　　中国

　　　中華民国　　　　　　　　　　　　　　　　　　台湾

　　　大韓民国　　　　　　　　　　　　　　　　　　韓国

　　　朝鮮民主主義人民共和国　　　　　　　　　　　北朝鮮

　　　フィリピン共和国　　　　　　　　　　　　　　フィリピン

　　　インドネシア共和国　　　　　　　　　　　　　インドネシア

イラン・イスラム共和国	イラン
ドイツ連邦共和国	ドイツ
オーストリア共和国	オーストリア
フランス共和国	フランス
オランダ王国	オランダ
ベルギー王国	ベルギー
ルクセンブルク大公国	ルクセンブルク
イタリア共和国	イタリア
ポルトガル共和国	ポルトガル
ギリシャ共和国	ギリシャ
ロシア連邦	ロシア
(旧) ソビエト社会主義共和国連邦	ソビエト連邦

渉外相続とは

1　2つのケース

　「相続」の業務に携わっている行政書士の皆さんは多いと思います。相続の仕事をしていると，亡くなった方（被相続人）が外国人という案件の依頼を受ける場合が出てきます。たとえば私は数年前，次のような相続業務の依頼を受けました。

Case 01

　私の夫はイギリス人（永住者）で，長野県内で一緒に暮らしていましたが，先日，70歳で急死しました。夫は，封印のある自筆証書遺言書を自宅に残しています。夫の両親はすでに死亡し，親族はカナダ在住の弟1人だけです。私たち夫婦に子どもはいません。現在居住している家と土地は，夫と私の共有名義になっています。夫の預貯金そのほかの資産はほとんどなく，借金などの消極財産もありません。夫は生前，すべての財産を私に相続させたいと話していました。夫の弟も，相続を放棄すると言っています。今後の相続手続はどうすればよいでしょうか。

　Case 01の相続手続のサポートを約3か月半かけて完了しました。その5か月後，同じ依頼者から，さらに次のようなご相談をいただきました。

Case 02

　亡くなった夫は，私と結婚する前にカナダに居住し，同国で働いていました。結婚して長野県内で同居している間は，カナダ政府から毎月，夫宛てに年金が小切手で届いていました。夫が亡くなったので，この年金の受給を断りたいです。また今後，私がカナダ政府から遺族年金をもらえるのであれば，受給したいと考えています。これらの手続について，教えてください。

　さて，このような相談・依頼を受けたとき，どのようなプロセスで検討し処理すればよいでしょうか。

(1) Case 01 について

　まず，日本に最後の住所を有していたイギリス人が日本で死亡した場合，遺言・相続の手続に適用されるのは日本法（民法等）か，それとも本国法（イギリス法）かが問題になります。

　また，自筆証書遺言書が残されていますので，遺言書の内容を執行する準備手続として裁判所の「検認」を受ける必要があります。その場合に，日本の家庭裁判所に検認の申立てができるのでしょうか。これは「国際裁判管轄」という問題です。ここではまず，日本の裁判所に遺言書検認の国際裁判管轄があるのかどうかを検討します。これが理論的に認められる場合でも，申立てをしようとする裁判所からその立証が求められることがあります。

　さらに，相続人はだれになるのか，カナダ在住の弟が相続人である場合には相続関係を証明するにはどうすればよいかが問題になります。イギリスとカナダにはいずれも，日本のような戸籍制度がないからです。

　カナダ在住の弟が相続放棄をすると言っていますが，相続放棄はどこで，どのような手続で行えばよいのかも考えなければなりません。

（2）Case 02 について

　カナダの年金制度を調べたうえで，依頼者とカナダ政府機関とのやりとり（連絡）のお手伝いをすることが **Case 02** では求められます。カナダ政府機関との連絡はすべて，英語で行わなければなりません。カナダのケベック州では特に，フランス語も併用されています。

　また，社会保障協定を結んでいる国家間では，両国の年金加入期間の通算を行い，いずれかに年金を支給した場合には他方の国でその分の減額調整がなされます。カナダと日本国との間では社会保障協定を結んでいますので，この制度についても依頼者に説明し，理解していただく必要があります。

2　渉外相続とは

　このように，当事者の国籍・住所，目的物の所在地等の法律関係を構成する諸要素が複数の国に関係を持つようなものを「渉外的法律関係」といいます。そして，渉外的法律関係を規律するのが「国際私法」という法分野です。

　渉外的法律関係は「婚姻」「親子」「不法行為」などさまざまな領域に分かれますが，そのなかのひとつが「渉外相続」です。「渉外相続」とは，被相続人又は相続人が外国人である場合の相続をいいます。ただ，厳密には法律用語ではなく，国際私法のテキストにも渉外相続の定義の記載はありません。

　本書では，渉外相続を「被相続人又は相続人が外国籍であり，当該外国人が日本に最後の住所又は居所，最密接関係地を有する場合の相続」と定義することにします。

3　行政書士業務としての「渉外相続」

　さて，ここまで読んで，「難しそうだ」「自分には無理ではないか」と感じた方がいるかもしれません。しかし，「渉外相続」業務は今後確実にニーズが増える分野であり，この分野の仕事に携わる行政書士が是非とも一定数必要です。また，取り組む価値のある魅力的な業務でもあります。以下でその

理由を説明します。

（1）在留外国人の高齢化

　日本に在留する外国人は，2019 年末現在で 293 万 3,137 人です。このうち「永住者」が最も多く 79 万 3,164 人，全体の 27 ％を占めます。「永住者」とは，原則として引き続き 10 年以上日本に在留してきた人で，申請により法務大臣が永住を認め，在留期間は「無期限」とされています（入管法 2 条の 2 第 3 項，同法施行規則 3 条，別表第 2）。つまり，日本で生涯暮らす可能性が高い外国人です。

　法務省の 2019 年 6 月末現在の統計（在留資格別　年齢・男女別）では，永住者総数は 78 万 3,513 人。0 歳から 20 代では各年齢・男女別でそれぞれ 3,000 人台ですが，30 代から増加傾向にあり，49 歳女性の 15,736 人が最多となっています。全体として 40 代と 50 代にピークがあります。80 歳以上も男女ともに 3,000 人を超えています。

　この統計からわかることは，永住者のなかでは働き盛りの 40 代，50 代が最多数を占めますが，この層は今後も日本に住み続ける可能性が高く，30〜40 年後には高齢者になることです。

　同様に「特別永住者」は 2019 年末現在で 31 万 2,501 人，全体の 10.7 ％です。「特別永住者」とはサンフランシスコ講和条約（1952 年発効）により日本国籍を離脱したものとされた在日韓国・朝鮮人及び在日台湾人，並びにこれらの子孫のうち日本で出生し引き続き在留している人です。特別永住者の人数は年齢が高くなるに従い増加傾向にあります。2019 年 6 月末現在の統計では 80 歳以上が男女ともに最多で，男性 9,248 人，女性 18,927 人となっています。

　このように，日本に在留する外国人のうち「永住者」と「特別永住者」が全体の 37.7 ％を占め，これら 110 万人余は日本で今後長く住むことが見込まれます。いずれ日本で最期を迎えるであろう在留外国人は，将来的には確実に増加します。その際に必要になるのは「渉外相続」手続のサポートです。

　在留外国人の増加に伴い，外国人の家事事件（渉外家事事件）の増加が見

在留資格別在留外国人数の推移

在　留　資　格	平成27年末 (2015)	平成28年末 (2016)	平成29年末 (2017)	平成30年末 (2018)	令和元年末 (2019)	構成比 (%)	対前年末 増減率 (%)
総　　　　　数	2,232,189	2,382,822	2,561,848	2,731,093	2,933,137	100.0	7.4
特　別　永　住　者	348,626	338,950	329,822	321,416	312,501	10.7	−2.8
中　長　期　在　留　者	1,883,563	2,043,872	2,232,026	2,409,677	2,620,636	89.3	8.8
永　　住　　者	700,500	727,111	749,191	771,568	793,164	27.0	2.8
技　能　実　習	192,655	228,588	274,233	328,360	410,972	14.0	25.2
技能実習1号イ	4,815	4,943	5,971	5,128	4,975	0.2	−3.0
技能実習1号ロ	87,070	97,642	118,101	138,249	164,408	5.6	18.9
技能実習2号イ	2,684	3,207	3,424	3,712	4,268	0.1	15.0
技能実習2号ロ	98,086	122,796	146,729	173,873	210,965	7.2	21.3
技能実習3号イ			—	220	605	0.0	175.0
技能実習3号ロ			8	7,178	25,751	0.9	258.7
留　　　　　学	246,679	277,331	311,505	337,000	345,791	11.8	2.6
技術・人文知識・国際業務	137,706	161,124	189,273	225,724	271,999	9.3	20.5
定　　住　　者	161,532	168,830	179,834	192,014	204,787	7.0	6.7
家　族　滞　在	133,589	149,303	166,561	182,452	201,423	6.9	10.4
日本人の配偶者等	140,349	139,327	140,839	142,381	145,254	5.0	2.0
特　定　活　動	37,175	47,039	64,776	62,956	65,187	2.2	3.5
技　　　　　能	37,202	39,756	39,177	39,915	41,692	1.4	4.5
永住者の配偶者等	28,939	30,972	34,632	37,998	41,517	1.4	9.3
経　営　・　管　理	18,109	21,877	24,033	25,670	27,249	0.9	6.2
企　業　内　転　勤	15,465	15,772	16,486	17,328	18,193	0.6	5.0
高　度　専　門　職	1,508	3,739	7,668	11,061	14,924	0.5	34.9
高度専門職1号イ	297	731	1,194	1,576	1,884	0.1	19.5
高度専門職1号ロ	1,144	2,813	6,046	8,774	11,886	0.4	35.5
高度専門職1号ハ	51	132	257	395	570	0.0	44.3
高度専門職2号	16	63	171	316	584	0.0	84.8
教　　　　　育	10,670	11,159	11,524	12,462	13,331	0.5	7.0
教　　　　　授	7,651	7,463	7,403	7,360	7,354	0.3	−0.1
宗　　　　　教	4,397	4,428	4,402	4,299	4,285	0.1	−0.3
文　　化　　活　　動	2,582	2,704	2,859	2,825	3,013	0.1	6.7
興　　　　　行	1,869	2,187	2,094	2,389	2,508	0.1	5.0
医　　　　　療	1,015	1,342	1,653	1,936	2,269	0.1	17.2
特　定　技　能					1,621	0.1	—
特定技能1号					1,621	0.1	—
特定技能2号					—	—	—
研　　　　　究	1,644	1,609	1,596	1,528	1,480	0.1	−3.1
研　　　　　修	1,521	1,379	1,460	1,443	1,177	0.1	−18.4
介　　　　　護			18	185	592	0.0	220.0
芸　　　　　術	433	438	426	461	489	0.0	6.1
報　　　　　道	231	246	236	215	220	0.0	2.3
法　律　・　会　計　業　務	142	148	147	147	145	0.0	−1.4

（注1）　平成27年4月1日の改正出入国管理及び難民認定法の施行に伴い，在留資格「投資・経営」は「経営・管理」へ改正され，「技術」及び「人文知識・国際業務」は「技術・人文知識・国際業務」へ一本化され，「高度専門職1号イ，ロ，ハ」及び「高度専門職2号」が新設された。

（注2）　平成29年9月1日から在留資格「介護」，同年11月1日から在留資格「技能実習3号イ及びロ」が新設された。

（注3）　平成31年4月1日から在留資格「特定技能1号」及び「特定技能2号」が新設された。

出典：法務省ホームページ

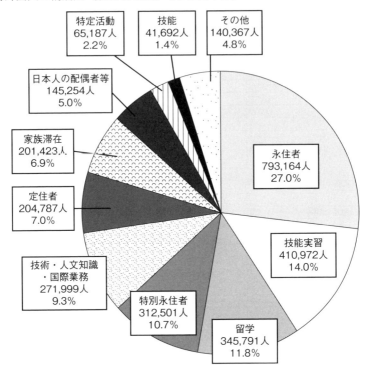

在留外国人の構成比（在留資格別）（令和元年末）

特定活動
65,187人
2.2%

技能
41,692人
1.4%

その他
140,367人
4.8%

日本人の配偶者等
145,254人
5.0%

家族滞在
201,423人
6.9%

定住者
204,787人
7.0%

技術・人文知識
・国際業務
271,999人
9.3%

特別永住者
312,501人
10.7%

留学
345,791人
11.8%

永住者
793,164人
27.0%

技能実習
410,972人
14.0%

込まれることから，東京家庭裁判所本庁では2014年4月から，渉外家事事件を専門に扱う係を設け，知見の集積を図っています（『ケース研究　第338号』（日本調停協会連合会，2020年）57頁）。

（2）未開拓の市場

　行政書士業務のなかで「相続」は多くの人が取り組んでいます。高齢化社会ゆえに需要も多く，弁護士や司法書士等の士業者だけでなくコンサルタント，信託銀行等多くの専門家の「草刈り場」のようになっているのが現状です。

　一方で，在留資格・帰化等の「国際業務」となると，外国人や外国語に苦手意識を持つためか手を出さない人がいます。「国際業務」の一分野に位置づけられる「渉外相続」は，外国語や国際私法の知識，外国法の調査

も要求されることから，さらに参入障壁が高い印象を受けるかもしれません。

　たしかに，「渉外相続」は行政書士の数ある業務のなかでも「高難度業務」に位置づけられると思います。また，行政書士業務としては新しい領域です。それゆえに，競争相手のほとんどいない未開拓の市場「ブルーオーシャン」と言ってよいでしょう。価格競争に巻き込まれず独自の価値を打ち出すことができる分野なのです。

　本書の第1章以下で説明しますが，処理手順を身につければ，この分野もさほど恐れることはありません。国・地域によっては「反致」（法の適用に関する通則法41条）の適用があり，外国人の本国法ではなく日本法を適用すれば済む場合も多くあります。この本を手に取られた方には，「渉外相続」業務に挑戦していただきたいと願っています。

4　本書の構成

　本書では，渉外相続の実例をもとに実務の進め方を解説することを主な目的としています。その前提として，国際私法という法分野の固有の考え方を理解することが必要になりますので，第1章で国際私法の基礎をまず説明しています。「学説法」とも呼ばれてきた国際私法ですが，ここでは学説の対立には立ち入らないようにしました。国際私法についてさらに詳しく学びたい方は，「主要参考文献」で紹介したテキストを読み進めていただければと思います。また，すでに国際私法を学ばれた方はこの章は飛ばしていただいて構いません。第2章「渉外相続実務の流れ」では，国・地域を問わず求められる実務の進め方（総論）を説明します。宣誓供述書（Affidavit）や死亡証明書などの書式も参考にしてください。第3章「イギリスの相続手続」では，駐日英国大使館ホームページからどのように情報を入手し，相談事例に対応したらよいかを体感していただきます。第4章「カナダの年金制度」では，カナダの遺族年金受給申請などの実例解説をしています。ここではカナダの政府機関とのやり取りも含みます。そして第5章は，イギリス以外の代表的な11の国・地域における国際私法・相続法の概要をまとめました。実務に携

わる際は，それぞれの国・地域の参考文献などで詳細を確認してください。
最後に「資料」として，「法の適用に関する通則法」「遺言の方式の準拠法に
関する法律」「扶養義務の準拠法に関する法律」の 3 つの国際私法のほか，
「社会保障に関する日本国とカナダとの間の協定」を掲載してあります。

第1章
国際私法の概論

第1節 | 国際私法とは

1 国際法（国際公法）と国際私法

　国際関係の法律には，大きく分けて国際法（国際公法）と国際私法があります。

　国際法は，条約や国際慣習法など主に国家間の関係を規律する法です。国家間のみならず今日では国際組織や個人についても規律する規則の総体が国際法です。これに対して国際私法は，「国際」という名は付いていますが，国内法の一部であり民事法に位置づけられます。日本では「法の適用に関する通則法」がその代表的な法律です。そのほかにも，ハーグ条約を国内法化した「遺言の方式の準拠法に関する法律」，「扶養義務の準拠法に関する法律」などがあります。

　たとえば，国際法が問題になった具体的な事例として，次のものが記憶に新しいと思います。2020年1月から3月，横浜港に停泊したクルーズ船「ダイヤモンド・プリンセス」で発生した新型コロナウイルス集団感染です。報道では日本政府の感染者対応が前面に出ましたが，問題は単純ではありませんでした。この「ダイヤモンド・プリンセス」は，発着地は日本でしたが，船籍がイギリス，船会社がアメリカ企業でした。本来であればイギリス，アメリカ企業の責任分担についても議論すべきだったのです。しかし，このような場合の責任のあり方を定める国際ルールがこれまで存在しませんでした。そのため日本政府は，2020年度補正予算に調査研究費を盛り込み，ルール策定に向けて国際社会への働き掛けに乗り出しました。このように国家間，国家と企業間のルールを定めるのは国際法です。

これに対して，国際結婚や国際養子縁組，そして本書で取り上げている渉外相続などを扱うのが国際私法です。グローバル化が進むなかで，国籍や住所，目的物所在地などが複数の国に関係するケースが生じるようになりました。

このように法律関係を構成する諸要素が複数の国に関係を持つようなものを「渉外的法律関係」といいます。渉外的法律関係については，婚姻を例にとると次のような問題が生じるおそれがあります。たとえば，一方当事者の本国で有効だとされた婚姻が，他方当事者の本国法では無効とされるケースです。日本の 20 歳男性と中華人民共和国の 18 歳女性が結婚しようとする場合，日本の民法 731 条では男は 18 歳，女は 16 歳になれば婚姻適齢に達しますが，中華人民共和国婚姻法 6 条によれば男は 22 歳，女は 20 歳にならなければ婚姻できないことになっています。このような婚姻は日本で有効に成立し得るのでしょうか。成立するとしても，中華人民共和国でこの婚姻が無効とされるならば，法律関係は不安定なまま残されてしまいます。

そこで，このような渉外的法律関係に安定を与えるためには，2 つの手段が考えられます。ひとつは統一法の形成，もうひとつは国際私法による準拠法の決定という方法です。

2　統一法の形成

法秩序の安定のためにまず考えられるのは，単一の統一法を形成することです。前記の例では，日本民法の婚姻適齢規定と中華人民共和国婚姻法の内容が統一されれば問題が生じません。

しかし，各国の法は歴史的に形成されてきたもので，その背景には宗教・経済・社会などのさまざまな要因があります。たとえば，一夫一婦制で離婚を禁止するカトリック系の法と，一夫多妻制で男子専制離婚を認めるイスラム系の法との間では，歴史的背景に大きな違いがあり，統一するのは容易ではありません。

もっとも，技術的色彩の濃い海事法・商事法の分野では統一法条約が結ばれ，それが国内法化されています。たとえば，1930 年「為替手形及び約束手

形に関し統一法を制定する条約」，1931 年「小切手に関し統一法を制定する
条約」があり，日本の手形法・小切手法はこれらの条約を国内法化したもの
です。海洋法分野では 1924 年「船荷証券に関する条約」は国際海上物品運送
法として日本で国内法化されています。ただし，統一法条約が結ばれている
法分野は限定されており，締約国にも限りがあります。

3　国際私法の必要性

　世界的な統一法の形成が困難であるとすると，次善の策として考えられる
のが国際私法による準拠法の決定という方法です。これは，法律関係の類型
ごとに準拠法を決めるやり方です。ここで準拠法とは，国際私法によって法
律関係を規律すべきものとして決定された法をいいます。たとえば，A 国に
おける B 国人と C 国人との間の婚姻では，この 3 国すべてが婚姻に関して
「行為地法を適用する」というルールを有していれば，いずれの国でも A 国
法が適用されることになり，国際的に安定した法秩序が実現されます。

　この方法を採用した場合に問題になるのは，さまざまな法律関係をどのよ
うな類型に分け，どのような規準で準拠法を決定するのかです。第 2 節で説
明するのがこの問題です。ただ，一部の例外を除いては，それぞれの国で国
際私法は内容が異なっているのが現実です。

4　間接規範としての国際私法

　国際私法は，各国の国内法として存在していますが，民法や商法などとは
異なる性質をもつ特殊な法です。民法や商法は権利義務や法律関係を直接に
規律します。これに対して国際私法は，いずれかの法域の法を指定すること
によって間接にこれを規律する法です。民法や商法は直接規範又は実質法，
国際私法は間接規範又は抵触法と呼ばれます。

　たとえ話で説明すると次のようになります。

〈高層ビル「日本の国際私法」〉

「日本の国際私法」という看板を掲げた高層ビルが東京・霞ヶ関にあるとします。このビルの各階には，「日本（法）」「イギリス（法）」「インド（法）」「ニューヨーク州（法）」などと書かれた会議室が多数あります。ビルに入ると，1階の受付に法典が用意されています。この法典には代表的なケース，たとえば婚姻，養子縁組，相続ごとに，問題となっている国・地域との組み合わせでそれぞれ何階のどの会議室に行けばよいのか，案内が書かれています。まずはこの法典を見て，自分はどの部屋に行ったらよいのかを確認します。そして指示された会議室に足を運びます。ドアを開けると，目の前にはジャングルが現れたり，雪原が広がっていたり，あるいは摩天楼が林立する都会の喧騒が迫ってくるなど，その部屋ごとに異なる景色が展開しているのです。そして各部屋には，その国又は地域の法規範が置いてあります。ある部屋では，入ってすぐのところに掲示板があり，「この部屋にはお入りにならず，○階の『日本（法）』の部屋に行ってください」と書かれた紙が貼ってあります（これは，後述する「反致」のケースです）。その場合は，「日本（法）」の部屋に移動して，部屋に置かれた日本の民法典等を調べてみることになります。

　このように各部屋に収められている民法典や商法典などは，問題の解決に直結する法規範であり，直接規範又は実質法と呼ばれています。一方，ビル1階の受付に用意されていた法典は，進むべき部屋を指示するだけのものでした。このような法典は問題の解決に間接に役立つだけですので，間接規範又は抵触法といわれているのです。

5　暗闇への跳躍

　間接規範である国際私法は，上記のたとえ話でわかるように，各国・地域の実質法がどのような内容であるかは入口の段階では問題としていません。受付で指示された会議室に行き，そのドアを開けて初めて，その部屋に置かれた法典を確認することになるわけです。このように，部屋の奥に広がる景

色がジャングルなのか，雪原なのか，あるいは摩天楼が林立している大都会なのか，どのような内容の法典が置かれているのかは，その部屋のドアを開けてみるまでわからないのです。受付では，どの部屋がそのケースにおいて最適なのかを判断して来訪者を案内しているわけではありません。そのため国際私法では，このようなプロセスを「暗闇への跳躍」と表現することがあります。案内されたゲストから見れば，指示された部屋のドアを開けるまでは自分がどんな世界に足を踏み入れるのか見当がつきません。ゲストにとってその部屋の内部は，いわば「暗闇」です。ドアを開けてその部屋の景色を確認してから，その部屋に置かれた法典を自分で紐解くことになるのです。これはまさに「跳躍」と表現するにふさわしい作業といえましょう。

国際私法の学者はこのように，基本的には各国法の部屋のドアを開けるまでの案内しかしてくれません。その後のプロセスは「暗闇への跳躍」といわれますが，実務でむしろ重要なのは各部屋に置かれた法典の内容の確認です。この作業を実務家である行政書士や弁護士がすることによって，最終的な問題の解決につながるのです。もちろん主要な国・地域の法律の研究は外国法の研究者などによってなされていますが，到底すべてをカバーしているわけではありません。ここに「渉外相続」業務の難しさとやりがいがあるのです。

6 国際私法の法源

それでは，具体的なケースに国際私法を適用しようとする際，日本ではどの法律を見ればよいのでしょうか。六法を開けていただければわかりますが，「国際私法」という名の法律は見当たりません。この問題は，国際私法の「法源」は何かという形で表現されます。ここで「法源」とは，「法が存在する形式」という意味で使われるのが普通です。各国の国際私法の主な法源は一般に，①制定法，②判例法，③学説，④条理とされています。条理とは，法の欠缺を補う解釈上・裁判上の基準，つまり社会通念などです。①〜④のほかに条約上の規律も存在し，日本でもいくつかの条約を批准し，その内容を国内法化した法律を制定しています。以下では，主要な法源のうち「制定法」と「条約」について説明します。

(1) 制　定　法

　1804 年のフランス民法典のなかに国際私法規定が設けられたのが最初です。その後，各国で国際私法が制定されるようになりました。

　日本では，明治 23 年（1890 年）に制定された旧「法例」（明治 23 年法律第 97 号）が最初の国際私法典です。しかし，この旧「法例」は旧民法とともに施行されませんでした。明治 31 年（1898 年）に改めて「法例」（明治 31 年法律第 10 号）が制定，施行されました。その後，平成元年（1989 年）に婚姻・親子の部分について大改正がなされています（平成元年法律第 27 号）。そして平成 18 年（2006 年）に「法の適用に関する通則法」（平成 18 年法律第 78 号）が制定されました（以下「通則法」といいます）。通則法は，平成元年に改正されなかった取引関係の規定を中心に改めるとともに，全体を現代語化したものです。全部で 43 か条からなり，2 条及び 3 条を除き国際私法規定です。この通則法が国際私法の中心的な法源ということになります。

(2) 条　　　約

　国際私法については，ハーグ国際私法会議という国際機関が多くの条約を制定してきました。1893 年に第 1 回会議が開かれ，1955 年に常設機関になってからはほぼ 4 年ごとに開催されています。第二次世界大戦後に採択されたハーグ条約は 39 ありますが，日本が批准したのは 7 つです。その 7 つの条約のうち国際私法に関するものは，「子に対する扶養義務の準拠法に関する条約」（1956 年），「遺言の方式に関する法律の抵触に関する条約」（1961 年），「扶養義務の準拠法に関する条約」（1973 年）の 3 つだけです。後二者については，「遺言の方式の準拠法に関する法律」及び「扶養義務の準拠法に関する法律」という国内法が制定されています。

第 2 節 国際私法規定の構造

1 国際私法の 3 つの制度

国際私法は次の 3 つの制度から成り立っています。

① 国際裁判管轄

② 準拠法の決定・適用

③ 外国判決の承認・執行

以下でそれぞれの概略を説明します。

2 国際裁判管轄

国際的な私法上の紛争を解決する際，これを扱う国際社会固有の司法機関は存在しません。国際的な紛争解決機関として「国際司法裁判所（International Court of Justice）」がありますが，ここで扱われているのは国家間の法的紛争です。国際的な私法上の紛争（国際民事紛争）の解決は，一般にはいずれかの国の国内裁判所で行われています。ただ，各国の国内裁判所はあらゆる国際民事紛争について審理判断しているわけではありません。また，常に任意の国の裁判所への訴えを原告に認めることは当事者間の公平に反します。ある国際民事紛争について一国の裁判所が審理判断することができるか，またそうすべきかという問題は，「国際裁判管轄」の問題と呼ばれています。

ある国際民事紛争について日本の国際裁判管轄が肯定された場合には，日本の裁判所が審理判断することになります。そして，原告の訴えを認める場合には「請求認容」判決，原告の訴えを認めない場合には「請求棄却」判決が下されます。これに対して，日本の国際裁判管轄が否定される場合には，訴えを「却下」，すなわち門前払いして審理判断は行いません。このように「国際裁判管轄」は入口の問題として位置づけられます。

「渉外相続」の場面では，外国人である被相続人が自筆証書遺言書を残し

ていた場合，その遺言書の検認手続を日本の裁判所が行えるかという形など
で問題になります。

　この点について裁判例では，遺言者が日本に最後の住所を有していた場合
に，日本の裁判所に国際裁判管轄権が認められるとされてきました（神戸家
審昭和 33 年 11 月 28 日家月 11 巻 2 号 85 頁）。2019 年 4 月には改正家事事件手続
法が施行され，相続開始の時における被相続人の住所が日本国内にあるとき
には日本の裁判所に管轄が認められるようになりました（家事事件手続法 3 条
の 11 第 1 項，別表第 1 第 103 項）。

　また，遺言書の検認後に遺言執行者の選任が必要になる場合がありますが，
日本の裁判所が遺言執行者選任についての国際裁判権を有するかどうかも問
題になります。この点，審判例の多くは遺言者の最後の住所地が日本にあれ
ば日本の裁判所に管轄を認めています（東京家審平成 13 年 9 月 17 日家月 54 巻 3
号 91 頁など）。上記家事事件手続法改正では，相続開始の時における被相続人
の住所が日本国内にあるときには日本の裁判所に管轄が認められました（家
事事件手続法 3 条の 11 第 1 項，別表第 1 第 104 項）。

　さらに，日本の裁判所に遺産分割の調停又は審判を申し立てることができ
るかどうかも国際裁判管轄の問題です。遺産分割調停については，申立人以
外の相続人全員を相手方とする必要がありますが，家事事件手続法 3 条の 13
第 1 項 2 号は，相手方の住所が日本国内にあるときは日本の裁判所が管轄権
を有すると規定しています。また，相続に関する審判事件についても，同法
3 条の 11 第 1 項は，相続開始の時における被相続人の住所が日本国内にある
ときなどは日本の裁判所に管轄権を認めています。したがって，遺産分割審
判も日本の裁判所に申し立てることができます。

3　準拠法の決定・適用

　国際私法は，法律関係の類型ごとに準拠法を決定し，これを適用します。
その際には，①どのような類型分けをするのか，②どのような規準で準拠法
を決めるのか，③外国法が準拠法となった場合にそれを適用して問題は生じ
ないか，などが問題となります。そして国際私法は，準拠法の決定・適用を

次のような 4 つのプロセスに分けて行っています。

それぞれのプロセスの詳細については，第 3 節で説明します。

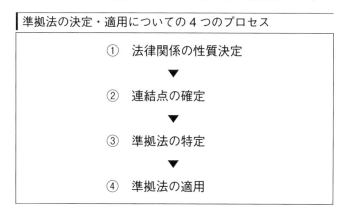

準拠法の決定・適用についての 4 つのプロセス

① 法律関係の性質決定
▼
② 連結点の確定
▼
③ 準拠法の特定
▼
④ 準拠法の適用

4　外国判決の承認・執行

　国際民事紛争は，外国の裁判所で解決される場合もあります。そのような場合には，外国の裁判所が下した判決が日本でもそのまま認められるかどうかが問題となります。外国判決の効力を認めることは国際法上の義務ではないため，これを一切拒否することも可能です。しかし多くの国は，国際私法秩序の安定のため，一定の要件のもとに外国判決を承認し，その判決に基づく執行もしています。

　外国判決の承認とは，外国判決の既判力及び形成力を認めることです。日本では，外国判決について，一定の要件が満たされることを条件として，特別の手続を要することなく認めるという制度（自動承認制度）を採用しています。これを認めないと国際民事紛争における当事者の利益を保護することができなくなり，解決の結果が国際的に区々になってしまうからです。したがって，承認要件を満たした外国判決は，当該外国において既判力・形成力を生じた瞬間に日本でもその効力が認められることになります。

　これに対して，外国判決の執行とは，承認された外国判決に日本で執行判決をして強制執行をすることをいいます。外国判決が当該外国で執行力を認められても，日本でその執行力をそのまま認めるわけではありません。民事

執行法22条6号は,「確定した執行判決のある外国裁判所の判決」が日本で債務名義になると規定し,同法24条が「外国裁判所の判決についての執行判決を求める訴え」について定めています。

日本では,外国判決の承認と執行の要件は同一であり,民事訴訟法118条が次のように規定しています。

（外国裁判所の確定判決の効力）

第118条 　外国裁判所の確定判決は,次に掲げる要件のすべてを具備する場合に限り,その効力を有する。

一　法令又は条約により外国裁判所の裁判権が認められること。

二　敗訴の被告が訴訟の開始に必要な呼出し若しくは命令の送達（公示送達その他これに類する送達を除く。）を受けたこと又はこれを受けなかったが応訴したこと。

三　判決の内容及び訴訟手続が日本における公の秩序又は善良の風俗に反しないこと。

四　相互の保証があること。

第3節 ｜ 4つのプロセス（準拠法の決定・適用）

１ 法律関係の性質決定

（1）総　　説

準拠法を決定し適用するためには,前記のとおり4つのプロセスに分けて順に検討します。その第一段階が「法律関係の性質決定」です。

準拠法の決定について国際私法は,生活関係ごとにケース・バイ・ケースで判断するのではなく,伝統的に形成されてきた類型的・包括的な生活関係を単位として,一定の連結点によって最密接関係地を特定し,一律に準拠法を指定するという方法をとっています。このような連結の対象となる生活関係を「単位法律関係」といいます。たとえば,通則法36条は「相

続は，被相続人の本国法による」と規定していますが，この「相続」とい
う概念が単位法律関係です。

　もっとも，ある人が亡くなった場合，「相続」という単位法律関係とし
てよいか判断に迷う場合も出てきます。たとえば，相続人の一部による相
続財産（不動産）の処分は相続の問題か物権の問題かが争点となった事件
があります（最三小判平成 6 年 3 月 8 日民集 48 巻 3 号 835 頁，百選 1 事件）。ま
た，夫が死亡した場合の妻の権利について，相続法上の権利と構成するこ
ともできますし，夫婦財産制上の権利ととらえることも可能です。さらに，
不法行為による損害賠償債務の相続は不法行為の問題か相続の問題か（大
阪地判昭和 62 年 2 月 27 日判時 1263 号 32 頁，百選 79 事件），相続人不明の場合
の相続財産の管理や相続人不存在の場合の特別縁故者への相続財産分与は，
相続の問題か物権の問題かも問題になりました（東京家審昭和 41 年 9 月 26 日
家月 19 巻 5 号 112 頁，百選 80 事件）。

　各国の法制度は歴史的に形成されてきたものであるがゆえに，国によっ
て構成の仕方が異なってくるのです。このように単位法律関係を示す概念
をどのように決めるかという問題を「法律関係の性質決定」又は「法性決
定」といいます。

(2) 先 決 問 題

　たとえば，ドイツ人男性が死亡し，日本人妻とドイツ人男性の親族との
間で争いになったとします。通則法 36 条に基づきドイツ法を調べると，相
続人として配偶者が規定されています。ただ，その前提として婚姻が適法
になされていたことが必要です。この場合，婚姻の有効性については，い
ずれの国の国際私法を準拠法にすればよいかが問題となります。これが
「先決問題」です。相続人の範囲は「本問題」と呼ばれます。

　相続の前提として親子関係の成立が問題となった事件において，最高裁
は，法廷地の国際私法により定まる準拠法によって解決すべきであると判
示しました（最一小判平成 12 年 1 月 27 日民集 54 巻 1 号 1 頁，百選 2 事件）。

(3) 適応問題

　国際私法は単位法律関係ごとに準拠法を定めるというモザイク構造になっていることから，法の体系的整合性が保たれない場合が生じてきます。たとえば，未成年の子が親の同意を得て婚姻した場合です。その子は，夫婦の関係では夫婦間の権利義務に従い，親との関係では親権に服します。しかし，配偶者の同居請求権と親の居所指定権が同時に認められるということはあり得ません。日本民法は「未成年が婚姻をしたときは，これによって成年に達したものとみなす」(753 条) と規定して体系的整合性を保っていますが，未成年の子は婚姻後も親権に服するとする法制度をとっている国もあります。このような不調和を修正して整合性を回復する問題を「適応問題」といいます。

2　連結点の確定

(1) 総　　説

　第二段階として，単位法律関係ごとにそれと最も密接な関係にある地の法を選び出すための媒介となる要素が定められます。これを「連結点」といいます。連結点は，対象となる問題と法域とを列車の連結器のように結びつける要素です。たとえば，「相続は，被相続人の本国法による」と定める通則法 36 条では，「被相続人の本国」が連結点です。「動産又は不動産に関する物権及びその他の登記をすべき権利は，その目的物の所在地法による」と定める同法 13 条 1 項では，「目的物の所在地」が連結点になります。

　日本の抵触法規が採用する連結点は，当事者の意思という主観的な連結点もありますが，客観的な連結点がほとんどです。客観的連結点としては，①当事者の本国，②当事者の常居所，③当事者の住所，④当事者の事業所所在地，⑤法律行為の行為地，⑥原因事実の発生地，⑦目的物の所在地，⑧法廷地，⑨最密接関係地などがあります。

　常居所の認定が問題となった事件において，裁判所は，居住期間のみでなく，居住目的や居住状況などの諸要素を総合的に判断しています（水戸家審平成 3 年 3 月 4 日家月 45 巻 12 号 57 頁，百選 4 事件）。

（2）連結点の定め方（連結政策）

　準拠法を決定する場合，1 つの単位法律関係に 1 つの連結点だけが定められている場合があります。「相続は，被相続人の本国法による」と規定する通則法 36 条がその例です。しかし，以下のように複雑な準拠法選択をしなければならない場合も少なくありません。

❶　累積的連結

　1 個の単位法律関係に 2 つ以上の連結点が定められ，それらによって定まる準拠法が同時に適用されることとされている場合です。たとえば通則法 22 条は，次のように定めています。

（不法行為についての公序による制限）

第 22 条　不法行為について外国法によるべき場合において，当該外国法を適用すべき事実が日本法によれば不法とならないときは，当該外国法に基づく損害賠償その他の処分の請求は，することができない。

2　不法行為について外国法によるべき場合において，当該外国法を適用すべき事実が当該外国法及び日本法により不法となるときであっても，被害者は，日本法により認められる損害賠償その他の処分でなければ請求することができない。

　つまり同条は，不法行為について，その成立についても効力についても，不法行為の準拠法である外国法と日本法との双方が認めるものに限って認める旨規定しています。

　たとえて言えば，コンテストで審査員全員が「予選通過」と判断しない限り予選を通過することができない，というのと同じことです。

❷　選択的連結

　複数の準拠法のいずれかの要件に適合すれば有効，とする連結方法です。たとえば通則法 10 条は，1 項が「法律行為の方式は，当該法律行為の成立について適用すべき法（…）による」と規定し，2 項は「前項の規定にかかわらず，行為地法に適合する方式は，有効とする」としています。コンテストのたとえで言えば，審査員の 1 人でも「予選通過」と判

断すれば，他の審査員全員が落選と考えても予選通過できてしまうということです。

❸　配分的連結

　複数の者が関わる 1 つの単位法律関係について，それぞれの者に関する要件につきそれぞれ連結点を定める方法です。通則法 24 条 1 項は，「婚姻の成立は，各当事者につき，その本国法による」と定めています。

　たとえば，男が A 国人，女が日本人でいずれも 17 歳の場合，2 人が婚姻できるかどうかを考えましょう。A 国法では男女とも 16 歳以上であれば婚姻できるとされているとします。日本では，男は 18 歳，女は 16 歳になれば婚姻できます（民法 731 条）。累積的連結によれば，婚姻の成立要件について両国の法律が全面的に適用されることになり，日本民法では男は 17 歳で婚姻できませんから，この男女は婚姻できないことになります。しかし，配分的連結の考え方によれば，17 歳男は A 国法の要件を満たしており，女も 17 歳で日本民法の要件を満たしていることから，この 17 歳男女は婚姻できるわけです。

❹　段階的連結

　複数の者について，その要素が同一の法を指定している場合にはそれにより，そうでない場合にはそれとは異なる連結点により準拠法を定める方法です。たとえば通則法 25 条では，婚姻の効力については，夫婦の同一本国法，それがないときは夫婦の同一常居所地法，さらにそれもないときは夫婦の最密接関係地法によるとされています。親子間の法律関係の場合も同様です（同法 32 条）。

（3）連結点の確定

　個別の事案において準拠法を決定するためには，連結点がどの法域に属するかを確定しなければなりません。法域とは，1 つの独立の法体系が妥当している地域的単位のことです。日本やフランスなどの国のほか，アメリカであれば各州も法域になります。たとえば，相続が問題となる事案では，「被相続人の本国」（通則法 36 条）がどこかを確定する必要があります。被相続人がフランス人であれば，「被相続人の本国」の法であるフランス

法が準拠法になります。このように，個別の事案で連結点の属する法域を
確定する作業を「連結点の確定」といいます。

(4) 法 律 回 避

　当事者が自己に有利な結果をもたらす法を準拠法とするために，連結点
を故意に変更することがあります。たとえば，他国への帰化によって本国
法を変更する場合などです。このような連結点の意図的な変更を法律回避
行為であるとして否定し，本来適用されるはずであった法を準拠法として
適用する考え方（法律回避論）があります。日本では，施行されずに廃止さ
れた旧法例 10 条ただし書（明治 23 年法律 97 号）が，法律回避行為は認めな
い旨の規定を置いていました。

　しかし，通則法にこのような規定はありません。当事者の内心の意思の
証明は困難であり法的不安定を招くことなどから，日本の通説は法律回避
論を認めていません。

3　準拠法の特定

(1) 総　　　説

　通常の場合には，法律関係の性質決定（第一段階），連結点の確定（第二
段階）までのプロセスで準拠法が特定されます。しかし，確定された連結
点が外国法を指し示している場合には，第三段階である準拠法の特定を経
なければ第四段階（準拠法の適用）に移れないときがあります。それは，た
とえば次のような場合です。

① 　本国法とされる国（たとえばアメリカ）において，その法分野につい
て連邦直轄地の法と多くの州法が併存している場合（不統一法国法の指
定）

② 　準拠法所属国の国際私法規定によればどの国の法律が準拠法となる
のかを考慮しなければならないとされている場合（反致）

③ 　準拠法とされた法が日本の未承認政府・国家の法である場合

④ 　本国法による場合にその国が分裂国家（たとえば韓国と北朝鮮）であ

る場合

（2）不統一法国法の指定

　不統一法国とは，同一国家内に内容の異なる私法秩序を有する複数の地域が併存している国をいいます。そして，この不統一法国には，地域的不統一法国と人的不統一法国の2種類があります。地域的不統一法国とは同一国家内に内容の異なる複数の私法秩序が場所的に併存している国です。たとえばイギリスは，イングランド，ウェールズ，スコットランド，北アイルランドからなる地域的不統一法国です。アメリカ，カナダ，オーストラリア，ロシアなどの連邦国家も同様です。また人的不統一法国とは，同一国家内で人種・宗教などに応じて，人により適用される法が異なる国です。インド，フィリピン，マレーシア，インドネシアなどがその例です。インドでは，婚姻などの身分的問題についてヒンドゥ教，イスラム教，キリスト教，ゾロアスター教などのうち，属する宗教によって適用される法が異なっています。

　❶　地域的不統一法国の指定

　　場所的な連結点ではない国籍という連結点を媒介として，不統一法国法が本国法として指定された場合には，国家単位の指定となるため，すぐに準拠法を特定することはできません。そのため，準拠法を特定する作業が必要となります。

　　当事者の本国法が不統一法国である場合に準拠法を特定する方法としては，直接指定主義と間接指定主義の2つがあります。直接指定主義とは，法廷地国際私法自らが定める連結規準に従ってどの法域の法を準拠法とすべきかを決めるべきであるとする立場です。それに対して間接指定主義とは，不統一法国自らが，どの法域の法を準拠法とすべきかを決めるべきとする立場です。

　　通則法38条3項は，「当事者が地域により法を異にする国の国籍を有する場合には，その国の規則に従い指定される法（そのような規則がない場合にあっては，当事者に最も密接な関係がある地域の法）を当事者の本国法とする」と規定し，間接指定主義を原則とし，そのような規則がないと

きは直接指定主義をとるとしています。

アメリカの抵触法が問題となった事件では，同国には通則法 38 条 3 項にいう内国規則がなく，当事者に最も密接な関係がある地方の法律（州法）を当事者の本国法とすべきとした裁判例があります（横浜地判平成 10 年 5 月 29 日判タ 1002 号 249 頁，百選 7 事件）。

❷　人的不統一法国の指定

人的不統一法国の法が本国法として指定された場合も，通則法 40 条は次のように，同法 38 条 3 項と同様に間接指定主義を原則とし，直接指定主義を補足としています。もっとも，同法 38 条 3 項とは異なり，国籍以外の常居所や夫婦の最密接関係地を連結点とする場合も準拠法が特定できないため，同様の処理を行う旨を定めています。

（人的に法を異にする国又は地の法）

第 40 条　当事者が人的に法を異にする国の国籍を有する場合には，その国の規則に従い指定される法（そのような規則がない場合にあっては，当事者に最も密接な関係がある法）を当事者の本国法とする。

2　前項の規定は，当事者の常居所地が人的に法を異にする場合における当事者の常居所地法で第 25 条（第 26 条第 1 項及び第 27 条において準用する場合を含む。），第 26 条第 2 項第 2 号，第 32 条又は第 38 条第 2 項の規定により適用されるもの及び夫婦に最も密接な関係がある地が人的に法を異にする場合における夫婦に最も密接な関係がある地の法について準用する。

被相続人がインド人の事案において，遺言執行者の選任について間接適用主義の立場から判断した裁判例があります（神戸家審昭和 37 年 12 月 11 日家月 15 巻 4 号 78 頁，百選 83 事件）。

日本人女性 X とインドネシア人男性 Y の離婚に伴い，3 人の子（インドネシア国籍）の親権者の指定が問題となった事案では，「X と 3 人の子の本国法は同一でなく，またインドネシアにおいては，宗教によって適用される法令が異なるところ，Y と 3 人の子供の宗教は同一でないので，

それらの間の本国法が同一であるということもできないから，結局，子の常居所である日本の法律が準拠法として適用される」と裁判所は判示しています（東京地判平成 2 年 12 月 7 日判時 1424 号 84 頁①事件，百選 8 事件）。

（3）反　　　致

　反致とは，広義では，自国の国際私法によって指定された準拠法所属国の国際私法が，自国又は第三国の法を準拠法としているときには，それに従って自国法又は第三国法を準拠法とすることを認める原則です。狭義の反致は，A 国の国際私法によれば B 国法が準拠法となり，B 国の国際私法によれば A 国法が準拠法となるときに，A 国で A 国法を準拠法とする場合です。比喩的にいえば，A 国が B 国に対して投げたブーメランが，A 国に再び戻ってくるというイメージです。

　諸国の国際私法は，反致を認めるドイツ，フランスなどの反致主義と，これを否定するオランダ，ギリシャ，スカンジナビア諸国のような反致否認主義とに分かれています。通則法 41 条は，「当事者の本国法によるべき場合において，その国の法に従えば日本法によるべきときは，日本法による」として，狭義の反致を一定の場合に限定して認めています。同条の反致の成立要件は，①通則法の指定する外国法が，本国法の資格を持つこと，及び，②当事者の本国法である外国の国際私法が，日本法を準拠法として指定していること，の 2 つです。

　たとえば，中国人である被相続人が所有していた日本所在の不動産相続が問題となった事件があります。判例は，相続については通則法 36 条により，中国人の本国法である中華人民共和国継承法が準拠法となるべきところ，継承法 36 条は中国人の国外財産の相続について「動産については被相続人の住所地の法律を適用し，不動産については不動産所在地の法律を適用する」と規定していることから，反致される結果，不動産所在地法である日本法を適用すべきとしています（最三小判平成 6 年 3 月 8 日判時 1493 号 71 頁，百選 5 事件）。

　しかし，中国人が被相続人である場合に，その本国法である中華人民共

和国継承法 36 条 1 項により日本所在の不動産の相続については日本法への反致を認めた一方，株式は同条項にいう「動産」には含まれないとして反致を否定した裁判例があります（東京地判平成 22 年 11 月 29 日判例集未登載，百選 78 事件）。

❶　転致（再致）

A 国の国際私法によれば B 国法が準拠法となり，B 国の国際私法によれば C 国法が準拠法となるときに，A 国で C 国法を準拠法とする場合を転致又は再致といいます。

❷　間 接 反 致

A 国の国際私法によれば B 国法が準拠法となり，B 国の国際私法によれば C 国法が準拠法となるが，C 国の国際私法によれば A 国法が準拠法となるときに，A 国で A 国法を準拠法とする場合を間接反致といいます。

❸　二 重 反 致

A 国の国際私法によれば B 国法が準拠法となるが，B 国の国際私法によれば A 国法が準拠法となり，かつ B 国の国際私法が反致を認めている場合には，B 国法を準拠法とします。A 国→ B 国→ A 国→ B 国というように，反致を 2 回繰り返して元の指定のとおりの準拠法を適用することを二重反致といいます。これを認める国がありますが，日本では認めていないと解されます。

❹　隠れた反致

アメリカの多くの州の国際私法では，養子縁組関係などについて裁判管轄権のルールのみがあり，準拠法の決定ルールは存在しません。この場合，裁判管轄権のルールのなかに準拠法の決定ルールが隠れていると考えて，反致のルールに当てはめるのが隠れた反致です。当事者の住所地が日本であるとき，アメリカの州法からの反致が成立し，日本法を準拠法とするケースです。

たとえば青森家十和田支審平成 20 年 3 月 28 日家月 60 巻 12 号 63 頁（百選 6 事件）は，日本に長く居住しドミサイル（domicile）が日本にあるアメリカ人夫婦が，日本人の特別養子縁組申立てを青森家裁十和田支部にした事案です。夫婦の「最も密接な関係がある地域」（通則法 38 条 3 項）

はテネシー州であるため，同州法を適用すると裁判管轄権は日本のみにあることになります。アメリカ抵触法第2リステイトメント289条は，裁判管轄権を有する法廷地法をもって事件審理の準拠法とすることを定めています。そのため，この養子縁組に関する準拠法は日本法とされました。

(4) 未承認政府・国家の法の指定

　社会主義革命によって旧ソヴィエト政府が誕生し，ヨーロッパ諸国がこれを国際法上承認するまでの間，ソヴィエト法を準拠法として適用すべきかが問題となりました。同様に，第二次大戦後，日本に在住する中国人や朝鮮人について，中華人民共和国や朝鮮民主主義人民共和国の法をそれぞれ適用し得るのかをめぐって，日本の国際私法では現実的な問題が生じました。現在でも，正式な外交関係のない中華民国の法について問題になり得ます。

　この問題については，国家主権の発動である司法権と行政権が対外関係で矛盾した行動をとるべきではないとして，承認している政府・国家の法律のみを適用するとの見解もあります。しかし，日本の通説は未承認政府・国家の法律であっても準拠法として適用すべきと考えています。なぜなら，国際私法は国際的な私法秩序の安定を図ることを目的として最密接関係地法を適用することが任務である以上，国際法上の承認が存在するかどうかという外交的・政治的問題とは無関係というべきだからです。したがって，そこで指定の対象となる地は，法秩序としての実効性，すなわち一定の国民と領土を有する権力が実効的支配を行っている地であればよいとされています。判例も同様に，中華民国法や朝鮮民主主義人民共和国法も準拠法となり得ると考えています（仙台家審昭和57年3月16日家月35巻8号149頁，百選3事件）。

(5) 分裂国家に属する者（中国人・朝鮮人）の本国法

　未承認政府・国家の法の適用が問題となるのは，その国のすべての領域において新政府・国家の法律が実施されている場合が通常です。しかし，

第二次世界大戦後は 1 つの国のなかに承認された政府と未承認政府が併存する分裂国家が生まれました。大韓民国と朝鮮民主主義人民共和国，中華人民共和国と中華民国です。このような分裂国家については，国際法上承認するかどうかにかかわらず 2 つの国の併存状態を認めざるを得ないことから，通則法 38 条 1 項を適用して最密接関係地法を当事者の本国法とすればよいとされています。

4　準拠法の適用

（1）総　　説

最後の第四段階である準拠法の適用では，準拠法が外国法である場合に，大きく分けて 2 つの問題が生じます。

第一に，準拠外国法の適用自体に関する問題です。裁判所は通常は内国法を適用していることから，裁判所における外国法適用の手続上の問題が生じます。また，その前提として，外国法の解釈はどのようになされるべきかも問題になります。

第二に，国際私法上の公序が問題になります。準拠外国法の適用が日本の法秩序の中核部分を揺るがすような場合に，その適用を排除するものです。

（2）外国法の調査・適用

外国法を適用するためには，まずその外国法の内容を調査・確定する必要があります。準拠法である外国法については，裁判所の調査義務（外国法に関する事実についての職権探知義務）及びその適用義務があります。裁判所の調査によってもその存否・内容・解釈が明らかでないときは，当事者に協力を求めることはできますが，その外国法の適用はあくまでも裁判所の職務として自ら行うべきことと解されています。

（3）国際私法上の公序

現在の国際私法の仕組みのもとでは，外国法の内容を問題にすることなく，単位法律関係を構成する場所的な要素に着目し，連結点を介して準拠

法が指定されます。そして準拠法の適用段階に至って初めて準拠法の内容を知ることになります。この方法は「暗闇への跳躍」と表現されることがあることは前記のとおりです。しかし，このようなプロセスのもとでは，外国法の適用が内国法秩序を揺るがすことが場合によっては生じかねません。そのため，外国法の適用を排除するための例外的な安全弁を用意しておく必要があります。

　たとえば，イランは一夫多妻婚を認める国ですが，これは日本の結婚観とは根本的に相容れないものです。しかし，日本で婚姻するイラン人同士については，通則法24条1項によりイラン法が婚姻の実質的成立要件の準拠法となり，一夫多妻の成立が認められることになってしまいます。このような婚姻は日本では容認し得ないため，当該イラン法の適用は排除することにするのです。日本の公序則である通則法42条は，「外国法によるべき場合において，その規定の適用が公の秩序又は善良の風俗に反するときは，これを適用しない」と規定しています。この仕組みを「緊急脱出装置」と表現している学者もいます。

❶　日本の裁判例

　日本の裁判例で公序則が問題となった事例には次のようなものがあります。

①　異教徒との婚姻を禁止するエジプト法を適用することは公序に反する（東京地判平成3年3月29日家月45巻3号67頁，百選9事件）。

②　重婚を遡及的に無効とするフィリピン法を適用することは，後婚の子が嫡出子たる身分を失うなどの事情を考慮すれば，公序に反する（熊本家判平成22年7月6日判例集未登載，百選10事件）。

③　韓国の戸籍上は親子関係がある旨の記載があるものの，その子の日本への帰化に際して親子関係の存在に疑義があるとされ，韓国法上の親子関係確認の訴えの出訴期限1年を徒過している点が問題となった事案。韓国民法の出訴期間の定めは，戸籍の記載と異なる親子関係の存否の確認請求について適用があり，戸籍の記載どおりの親子関係の確認を求める場合には適用されないと解釈することができる。仮に韓国法上はこれが認められないとしても，韓国民法の出

訴期間の定めを本件に適用することは日本の公序に反する（大阪高判平成 18 年 10 月 26 日判タ 1262 号 311 頁，百選 11 事件）。

④　養子縁組を認めないイラン法は公序に反する（宇都宮家審平成 19 年 7 月 20 日家月 59 巻 12 号 106 頁，百選 12 事件）。

⑤　消費貸借契約に基づく借入金により賭博することを認めるネヴァダ州法の適用は公序に反しない（東京地判平成 5 年 1 月 29 日判時 1444 号 41 頁，百選 13 事件）。

❷　準拠法排除後の処理

　日本の公序則を発動して外国法の適用を排除した場合には，その後の処理が問題になります。つまり，この場合も事案を法的に解決しなければなりませんが，基準となるべき法規範をどうするのかという問題です。

　この点につき多くの裁判例は，法の欠缺を内国法で補充すると考える内国法適用説に立っています。最二小判昭和 59 年 7 月 20 日民集 38 巻 8 号 1051 頁（百選 14 事件）は，傍論としてこの説をとることを明言しています。

　なお，法の欠缺は生じないとする見解もあります（欠缺否認説）。公序則により排除されるのは外国法ではなく，外国法の適用結果であると考え，公序則発動の際にはそのための判断基準と，こうでなければならないという結論があるはずだと考える立場です。

5　4 つのプロセスの適用例

　以上のように，準拠法を決定し適用するためには，4 つのプロセスを順に検討します。もう一度，この流れを振り返ってみましょう。

```
┌─────────────────────────────────────────────────────────┐
│ 準拠法の決定・適用についての４つのプロセス                │
│ ┌─────────────────────────────────────────────────────┐ │
│ │     ①  法律関係の性質決定                            │ │
│ │                ▼                                     │ │
│ │     ②  連結点の確定                                  │ │
│ │                ▼                                     │ │
│ │     ③  準拠法の特定                                  │ │
│ │                ▼                                     │ │
│ │     ④  準拠法の適用                                  │ │
│ └─────────────────────────────────────────────────────┘ │
└─────────────────────────────────────────────────────────┘
```

　たとえば，「相続」の準拠法を定める通則法 36 条，「遺言」に関する同法 37 条 1 項について，それぞれ①単位法律関係，②連結点，③準拠法を検討すると以下のようになります。

（相続）

第 36 条　相続は，被相続人の本国法による。

①　単位法律関係：「相続」

②　連結点：「被相続人の本国」

③　準拠法：「被相続人の本国法」

（遺言）

第 37 条　遺言の成立及び効力は，その成立の当時における遺言者の本国法による。

①　単位法律関係：「遺言の成立及び効力」

②　連結点：「その成立の当時における遺言者の本国」

③　準拠法：「その成立の当時における遺言者の本国法」

第 4 節 ｜ 相続の準拠法

1 総 説

　相続とは，死者の所有していた財産が，その者と一定の身分関係を有していた者によって承継される制度です。各国の相続法制は，相続人の範囲，相続分など多くの点で違いがありますが，最も大きな相違は清算主義と包括承継主義の対立です。相続の準拠法の決定方法についても，相続統一主義と相続分割主義の対立があります。

2 清算主義と包括承継主義

　清算主義とは，英米法系の国々で採用されている法制度です。相続財産がいったん人格代表者である遺言執行者（遺言がある場合）又は遺産管理人（無遺言の場合）に帰属し，そこでまず死者の財産関係を清算する遺産管理が行われます。清算の結果，プラスの財産が残ればその相続人への財産移転が認められます。一方，マイナスになる場合は債権者に割合的な弁済が行われ，相続人が債務を承継することはないというものです。清算主義をとっている国では，遺産分割制度，相続放棄，限定承認などの制度は存在しません。

　これに対して包括承継主義とは，日本を含めて大陸法系の国々でとられている制度です。原則として清算を行うことなく，死者に帰属していた権利義務が死亡と同時に相続人に包括承継されます。このため，包括承継主義をとる日本では，清算主義を採用する外国法を適用する場合に難しい問題が生じることになります。

3 相続統一主義と相続分割主義

　相続統一主義とは，日本法（通則法 36 条）のように，遺産の種類が不動産かそれ以外かを区別せず，相続財産のすべてが被相続人の本国法又は住所地

法に従って統一的に規律されるとする考え方です。この立場は，相続の家族法的側面を重視し，当事者の利益を保護することを主眼としています。

　これに対して，相続分割主義とは，英米及びフランスなどの一部大陸法諸国のように，相続を不動産の相続と動産の相続に分割し，不動産についてはその所在地法を適用し，動産については被相続人の住居地法又は本国法を適用するという考え方です。この立場は，相続の財産法的側面に焦点をあて，財産所在地における取引の安定の保護を重視したものです。

　英米においては，清算主義によっているので，遺産の清算管理と残余財産の分配移転（相続）とは別個の手続になります。相続分割主義がとられているのは後者のみであって，遺産の清算管理については，動産，不動産を問わず遺産管理地（所在地）法を適用することとされています。

　相続統一主義と相続分割主義について，諸外国の立法例は以下のようになっています（小出邦夫編著『一問一答　新しい国際私法』150〜151頁）。

❶　相続統一主義を採るもの
　ドイツ民法施行法25条1項，オーストリア国際私法28条1項，イタリア国際私法46条1項，スペイン民法9条8項，ポルトガル民法62条
❷　相続分割主義を採るもの
　英米法系諸国，フランス（判例・通説），ベルギー国際私法78条，ルクセンブルク（判例），ルーマニア国際私法66条，中華人民共和国継承法36条，ケベック州民法3098条1項

　清算主義と包括承継主義，相続統一主義と相続分割主義の組み合わせを表にまとめると，おおまかに次のようになります。

	相続統一主義	相続分割主義
清算主義		英米法系諸国
包括承継主義	日本，韓国，ドイツ，オーストリア，イタリア，スペイン，ポルトガル等	フランス，中国等

4 失踪宣告

(1) 総　　説

　不在者が死亡したという証拠がなく，また，認定死亡として扱える事情もなく生死不明の状態が続く場合，いつまでも生存者として扱うとすると，この者をめぐる財産関係や身分関係が長期間放置され，関係者にとっては極めて不都合です。たとえば，相続人間で遺産分割協議をしようとしても，そのなかに 20 年間も生死不明の相続人がいると，いつまでも相続の手続が進まないという状況が生じてしまいます。そこで，生死不明が一定期間続いた場合に，一定の条件の下でその不在者を死亡した者とみなし，その者をめぐる法律関係を処理する制度が必要になります。それが失踪宣告です。

(2) 日本における失踪宣告

　失踪宣告について，通則法 6 条は次のように規定しています。

（失踪の宣告）

第 6 条　裁判所は，不在者が生存していたと認められる最後の時点において，不在者が日本に住所を有していたとき又は日本の国籍を有していたときは，日本法により，失踪の宣告をすることができる。

2　前項に規定する場合に該当しないときであっても，裁判所は，不在者の財産が日本に在るときはその財産についてのみ，不在者に関する法律関係が日本法によるべきときその他法律関係の性質，当事者の住所又は国籍その他の事情に照らして日本に関係があるときはその法律関係についてのみ，日本法により，失踪の宣告をすることができる。

　この規定は，失踪宣告の国際裁判管轄について，まず 1 項で不在者の最後の住所地管轄と本国管轄という原則規定を置いています。そして 2 項では，①不在者の財産が日本にあるときにはその財産に限定して，②不在者に関する法律関係が日本法によるべきときなど，その法律関係が日本に関係があるときにはその法律関係に限定して，例外的に日本の管轄を認めて

います。

　通則法 6 条によって日本の裁判所に失踪宣告の管轄が認められる場合，そこで行われる失踪宣告の準拠法は日本の民法 30 条です。

　失踪宣告の効果は，不在者の死亡の擬制（民法 31 条）という直接的効果にとどまり，たとえば相続の開始といった間接的効果は相続の準拠法によるべき事項であるとされています。失踪宣告は生死不明の者を法律上死亡したことにしてしまうことに意味があり，それ以上でも以下でもないからです。

(3) 外国における失踪宣告

　外国の裁判所が失踪宣告をした場合に，その効力が日本でも承認されるかどうかが問題になります。

　家事事件手続法 79 条の 2 は，「外国裁判所の家事事件についての確定した裁判（これに準ずる公的機関の判断を含む。）については，その性質に反しない限り，民事訴訟法第 118 条の規定を準用する」と規定しています。民事訴訟法 118 条は，同条 1 号から 4 号の要件すべてを満たせば，外国裁判所の確定判決が日本でも有効であるとしています。すなわち，2 号の送達要件を除いた，管轄（1 号），公序（3 号），相互の保証（4 号）の各要件を具備していれば，外国失踪宣告の効力が日本でも承認されることになります。2 号を除外するのは，失踪宣告では対立する相手方はいないので，「被告」（相手方）への送達の要件は適用されないためです。

　外国失踪宣告の効力が日本で認められるとしても，本人が日本で生存している場合や異なる時に死亡したことの証明があれば，失踪宣告の取消しを日本の家庭裁判所に求めることができます（民法 32 条 1 項）。

5　適応問題

　第 3 章で説明した「適応問題」が相続手続でも問題になることがあります。日本に国際裁判管轄が認められるが準拠法は外国法である場合に，準拠法である外国の実体法が前提とする手続が日本には存在しないことがあるためで

す。

　たとえば，準拠法が英米法系の法である場合には，遺言がないときは遺産管理人を選任して財産関係の清算をまず行う必要があります。しかし，包括承継主義をとる日本には遺産管理人を選任する制度は存在しません。このような場合に，民法の財産管理人の選任手続など類似の制度を修正して，日本の裁判所が当該外国実体法の求める手続をとれるのか，が問題になります。この点についての一般原則はいまだ確立していませんが，一般に手続法は実体法上の権利の実現に奉仕すべきものと考えられます。したがって，可能な限り広く，法廷地手続法を修正して解決すべきとされています。

　外国法である実体法と法廷地手続法との適応問題は，遺言の検認などに関連してしばしば問題になっています。神戸家審昭和 57 年 7 月 15 日家月 35 巻10 号 94 頁（百選 82 事件）は，日本で死亡したフランス人がフランス民法上の方式によって作成した公正証書遺言について，遺言書の保管者であるフランス国副領事が神戸家裁に検認を申し立てた事件です。同家裁は，検認の国際裁判管轄権が日本に認められることを前提として，検認の準拠法については被相続人の本国法であるフランス法を適用し，申立てを却下しています。フランス民法 969 条は，通常方式の遺言には自筆遺言，公正証書遺言，秘密遺言の 3 つがあると規定し，同法 1007 条は自筆遺言又は秘密遺言について，遺言執行前に相続開始地の一審裁判所に遺言書を提出して開封し公証人に寄託すべきことを定めています。公正証書遺言にはこのような手続は存在しません。日本の民法 1004 条 2 項も，公正証書遺言については家庭裁判所の検認手続を要求していません。つまり，フランス民法，日本民法のいずれも，公正証書遺言の検認手続は必要としていません。したがって，「本件検認手続の申立ては，不要な手続を求めるものであって理由がないから，これを却下すべき」と裁判所は判断したわけです。

✔ キーワード解説 ｜ 英米法系と大陸法系

　世界には大きく 2 つの法体系があります。イギリスやアメリカなどで採用されている「英米法系」と，ドイツやフランスなどがとる「大陸法系」です。日本は

基本的には大陸法系ですが，英米法系の影響も受けています。コモンウェルス諸国は英米法系に属するものが多いですが，カナダのケベック州は大陸法系に分類されます。アメリカのルイジアナ州も大陸法系です。イギリスのなかでもスコットランドは，18世紀初頭まではイングランドとは独立の王国であり，その間にローマ法の影響を受けたため，基本的には大陸法系に属しています。

　なお，イギリスはイングランド，ウェールズ，スコットランド，北アイルランドの4つの地域からなり，ウェールズはイングランドとともにイングランド法を形成しています。しかし北アイルランドは，イギリス法を継受しましたが，1920年以来，事項によっては北アイルランド議会が独自に立法できるようになりました。もっとも，イギリスの国会は，これらの法を立法によって変更することができ，さらに北アイルランドの自治権を剥奪することも可能です。イギリス国内におけるスコットランド，北アイルランドの地位は，単一国家内において地方自治権が強化された形をとっています。日本でいえば，都道府県に大幅に権限委譲したようなものと考えればよいでしょう。

　英米法系と大陸法系は，以下のような違いがあります。

（1）　英米法系

　判例を第一次法源とする判例法主義をとります。判例法主義では，法の基本的部分のほとんどが制定法ではなく判例法によって規律されています。法律家が新しい法律問題に直面した際には，まず判例がないかを調べ，判例に従って類推・拡張・反対解釈などの方法で問題を解決しようとします。判例法は大量で複雑なため，これをわかりやすい形に整理したものが制定法です。そのため制定法は，断片的であり体系的ではないのが一般です。歴史的には，ゲルマン法に由来する伝統的な法体制を維持してきたものです。

（2）　大陸法系

　議会などがつくる制定法を第一次法源とする成文法主義を特徴とします。判例は制定法を補充する形で働きます。制定法は，できる限り多くの同種事案に適用できるよう，抽象的な形をとっています。さらに「法律行為」という概念を作って具体的事案を規律し，それでもカバーできない部分については，信義則や公序良俗などの一般条項を設けて解決を図っています。歴史的には，ローマ法の影響のもとで形成されてきました。

　なお，判例法主義は具体性と成長可能性において優れていますが，成文法主義は法の明確性と安定性にメリットがあります。

第5節 | 遺言の準拠法

1 総 説

遺言は，一定の方式に従ってなされる相手方のない一方的かつ単独の意思表示です。遺言者の死後の法律関係を定める最終意思の表示であり，その者の死亡によって法律効果が発生します。遺言をめぐる国際私法上の問題は，①遺言という意思表示自体の成立及び効力，②遺言という意思表示によって当事者が行おうとする法律行為の成立及び効力，③遺言の方式，の3つがあります。

2 遺言の成立及び効力

遺言について，通則法 37 条は次のように規定しています。

> （遺言）
> **第 37 条** 遺言の成立及び効力は，その成立の当時における遺言者の本国法による。
> 2 遺言の取消しは，その当時における遺言者の本国法による。

上記問題点②の「法律行為」には，相続に関わるものから認知，後見人の指定までさまざまなものが含まれます。これら遺言の実質的内容をなす個々の法律行為については，通則法の相続，認知，後見人の指定など個別の規定によって準拠法を決定すべきです。また，上記③の遺言の方式については，「遺言の方式の準拠法に関する法律」が適用されます。したがって，通則法 37 条 1 項によって決定される「遺言の成立及び効力」の準拠法が適用されるのは，上記①の問題，すなわち遺言という意思表示自体の成立及び効力についてだけということになります。

通則法 37 条 1 項でいう遺言の「成立」とは，遺言能力，遺言という意思表示の瑕疵などを意味し，遺言の「効力」とは，意思表示としての遺言の拘束

力，遺言の効力発生時期などを意味すると解されます。

　また，通則法 37 条 2 項にいう「遺言の取消し」とは，有効に成立した遺言の撤回を意味します。意思表示の瑕疵による取消しは，同条 1 項の問題です。なお，内容の異なる 2 つの遺言がある場合，後の遺言によって前の遺言が取り消されたと擬制することが多くの国で認められていますが（日本民法 1023条参照），それもここにいう「取消し」ではありません。これは，遺言の内容となっている問題をどう扱うかという問題であり，遺言の実質的内容をなす法律行為の準拠法によるべきとされています。

3　遺言の方式

　遺言が有効に成立するためには，公正証書や自筆証書など一定の外部的形式が要求されます。遺言の方式については，1964 年に日本が「遺言の方式の準拠法に関するハーグ条約」を批准し，これに伴い「遺言の方式の準拠法に関する法律」を制定しました。

　「遺言の方式の準拠法に関する法律」は，人の最終意思が実現されるよう，遺言の方式が障害となることをできるだけ避けようとしています。同法 2 条は，8 つの連結点からの選択的連結を採用し，1 号から 5 号までのいずれかに適合していれば遺言は方式上有効であるとしています。また，遺言を取り消す遺言についても，2 条各号の規定によるほか，従前の遺言を 2 条の規定により有効とする法によることも認めています（3 条）。

第2章

渉外相続実務の流れ

第1節 | 相続実例の経緯

1 はじめに

第1章では国際私法という法分野を概観し，準拠法を決定・適用するまでの4つのプロセスを見てきました。間接規範である国際私法は，民法や商法などの実質法とは異なる独特の考え方をすることがおわかりいただけたと思います。

この第2章では，日本におけるイギリス人相続の実例をもとに，渉外相続実務の流れをたどってみます。まずは，序章で紹介した実例 **Case 01** をもう一度確認しましょう。

Case 01

私の夫はイギリス人（永住者）で，長野県内で一緒に暮らしていましたが，先日，70歳で急死しました。夫は，封印のある自筆証書遺言書を自宅に残しています。夫の両親はすでに死亡し，親族はカナダ在住の弟1人だけです。私たち夫婦に子どもはいません。現在居住している家と土地は，夫と私の共有名義になっています。夫の預貯金そのほかの資産はほとんどなく，借金などの消極財産もありません。夫は生前，すべての財産を私に相続させたいと話していました。夫の弟も，相続を放棄すると言っています。今後の相続手続はどうすればよいで

しょうか。

　相続は，人の死亡によって発生します。ここでもまず，①日本に相続の国際裁判管轄があるのか，②国際裁判管轄を肯定した場合はその準拠法がどうなるのか，の2点が重要になります。

　①の国際裁判管轄については，自筆証書遺言書が残されていますから，その遺言書の検認の申立てを日本の家庭裁判所に対してできるのかどうかが問題になります。

　②の準拠法は，被相続人の本国法であるイギリス法になるのか，それとも日本法を適用してよいのかを検討しなければなりません。

2　死亡後の手続

　外国人が日本国内で死亡した場合には，まず，日本人と同様に死亡届の提出義務があるほか，中長期在留者は在留カードを返納する必要があります。

（1）死　亡　届

　外国人が日本国内で死亡した場合も，戸籍法は，死亡した事実を届け出る義務を規定しています（25条2項）。ただし，日本人と異なり外国人には戸籍がないことから，死亡届の届出先は「届出人の所在地」です（同項）。

（2）在留カードの返納

　日本に在留する外国人のうち「中長期在留者」には在留カードが交付されています（出入国管理及び難民認定法19条の3）。「中長期在留者」とは，日本に在留資格をもって在留する外国人のうち，①3か月以下の在留期間が決定された者，②短期滞在の在留資格が決定された者，③外交又は公用の在留資格が決定された者，④これらに準ずる者として法務省令で定める者，のいずれにも該当しない者をいいます（同条）。

　中長期在留者が死亡した場合には，在留カードはその効力を失い（同法

19条の14第6号），その親族又は同居者は，その死亡の日（死亡後に在留カードを発見するに至ったときは，その発見の日）から14日以内に，出入国在留管理庁長官に対して在留カードを返納しなければなりません（同法19条の15第4項）。

なお，在留カードの返納は，最寄りの地方入国管理局に持参し，又は東京入国管理局の担当部署に郵送する方法で行います。

3　相続実例の経緯

本書の相続実例は，長野県在住のイギリス人男性（永住者）が同県内で亡くなったという内容です。県内不動産の所有権移転登記を終えるまでの経緯は以下のとおりでした。

① イギリス人男性が長野県内で死亡。

② 日本人配偶者（以下，「配偶者」といいます）が，長野家庭裁判所○○支部（以下，「家裁支部」といいます）に自筆証書遺言書の検認手続を照会。家裁支部は，日本人配偶者に対し，「イギリス人死亡の場合の遺言書の扱いについて，翻訳文を付けた説明文書を提出してほしい」旨を求める。

③ 配偶者から相続業務を受任。

④ 次の上申書2通の作成をサポートして，配偶者が家裁支部に提出。
　・遺言書検認の裁判管轄権について
　・イギリスの相続法について

⑤ 家裁支部はさらに，配偶者に対し，次の2点の書類提出を求める。
　・被相続人とその弟の続柄を証明する書類（日本の戸籍謄本のようなもの）

・被相続人の配偶者・弟のほかに相続人がいないことの証明書

⑥　被相続人と配偶者の共有名義になっている土地・建物（長野県内所
　　在）の所有権移転登記手続について，長野地方法務局○○支局登記部
　　門に照会。
　　　法務局支局は，次の2点の書類提出が必要と回答。
　　　・死亡を証する本国の在外公館の証明書及び訳文
　　　・遺言書の検認済証明書

⑦　被相続人の四十九日法要のため，カナダ在住の弟が来日。
　　　駐日英国大使館（東京）において，被相続人の弟が上記⑤の内容を
　　「宣誓供述」。
　　　同大使館副領事が宣誓供述書（Affidavit）を作成。
　　　被相続人の死亡証明書も同大使館が発行。

⑧　配偶者が家裁支部に次の書類を提出。
　　　・遺言書検認の申立書
　　　・宣誓供述書（Affidavit）及び日本語訳文
　　　・上申書2通（上記④）

⑨　家裁支部から配偶者に送付された「遺言書検認の期日通知」の英訳
　　文を作成（カナダ在住の弟に家裁支部から送付するため）。

⑩　遺言書検認期日。配偶者のみが立会い。

⑪　司法書士に不動産移転登記手続を引き継ぐ。次の書類4点を司法書
　　士に渡す。
　　　・遺言書及び日本語訳文
　　　・検認済証明書

　　　・宣誓供述書及び日本語訳文
　　　・死亡証明書及び日本語訳文

⑫　土地及び建物の所有権移転登記。

4　考え方の筋道

(1)　ゴールから逆算する

　まず考えるべきことは，相続人はだれか，相続財産はなにか，という 2 点です。しかしその前提として，被相続人がイギリス人であることから，そもそも相続の手続を日本で行ってよいのかどうかが問題になります。そこに，日本で行われる通常の相続手続とは異なる特殊性と難しさがあります。

　通則法 36 条は，「相続は，被相続人の本国法による」と規定しています。また同法 37 条 1 項は，「遺言の成立及び効力は，その成立の当時における遺言者の本国法による」と定めています。そこで，被相続人の本国法であるイギリス法を調べる必要があります。家裁支部が上記経緯②で，「イギリス人死亡の場合の遺言書の扱い」の説明を求めたのはこのためです。

　しかし，イギリスの国際私法・相続法の内容がどのようなものであれ，そもそも日本の家庭裁判所に遺言書検認の管轄がなければ，門前払いされてしまいます。「国際裁判管轄」は相続手続の入口の問題として重要です。家裁支部が求めた「イギリス人死亡の場合の遺言書の扱い」の説明には，この国際裁判管轄が同支部にあることの証明も含まれています。そこで，上記経緯④では「イギリスの相続法について」と併せて「遺言書検認の裁判管轄権について」も提出しています。

　もっとも，日本の家庭裁判所に国際裁判管轄があるのかどうか，準拠法である外国法の調査はだれが行うのかについては，いずれも裁判所が職権で調査・適用すべきであるとされています。ただ，外国法の調査などは現実にはかなりの困難が伴うため，実務上は，当事者に資料提出の協力を求

めていることが多いようです。

　また，コンプライアンスのうえで注意しなければならないのは，裁判所に対する書類提出は弁護士（弁護士法3条，72条）または司法書士（司法書士法3条，73条）の法定業務であることです。行政書士の法定業務（行政書士法1条の2，1条の3）ではありません。外国法調査等は，あくまでも家裁支部の協力要請に応じたサポートです。

　上記経緯を見てわかるように，最終的な目標は土地・建物の所有権移転登記です。依頼者が求めていたのもこの所有権移転登記でした。そこで，登記申請に必要な書類等はなにかをまず調べて，そこから逆算して書類等をそろえることになります。そのための作業を上記経緯⑥で行っています。法務局支局で「遺言書の検認済証明書」の提出を求められましたから，家裁支部でこの証明書を取得する必要がありました。家裁で検認を行い，その検認のために必要な書類の作成をサポートしたわけです。このように，最終的になすべきこと（ゴール）から逆算して必要な業務を行っていくことが最も重要です。いうまでもなく，所有権移転登記手続の代理は司法書士業務（司法書士法3条1項1号）ですから，司法書士に引き継いでいます。

（2）相続人はだれか

　本件では，イギリス人男性と配偶者に子はなく，親族はカナダ在住の弟1人だけです。相続人になる可能性があるのは，配偶者と弟の2人です。しかし，弟は相続を放棄したいと考えています。イギリス人男性は，生前からすべての財産を配偶者に残したいと話しており，自筆証書遺言も同内容でした。

　ただ，はたして配偶者と弟のほかに相続人はいないのか，イギリス人男性と弟は本当に血縁関係にあるのか，については調べる必要があります。上記経緯⑤で家裁支部がこの点の書類提出を求めた理由もそこにあります。

　この点を証明する書類は，上記経緯⑦の宣誓供述書（Affidavit）です。この宣誓供述書では，イギリス人男性の弟が，駐日英国大使館副領事の面前で宣誓したうえで，①配偶者と弟のほかに相続人はいないこと，②イギリス人男性と弟に血縁関係があること，③弟は相続放棄をすること，の3点

をすべて供述しています。ただし，イギリスとカナダにはいずれも，日本の戸籍制度のようなものはないため，①と②の供述を裏付ける証拠資料はありません。供述証拠に頼るしかないわけです。

（3）相続財産はなにか

　この点について，本件では現金や預貯金はほとんどなく，配偶者との共有名義の土地・建物があるだけでした。

　ただ，この相続業務がいったん完結した後に，イギリス人男性がカナダで暮らしていたことから遺族年金を配偶者が受給できることがわかりました。カナダの年金制度については第4章で説明します。

☑ キーワード解説 ｜ コモンウェルス（Common wealth of Nations）

　イギリス本国及びイギリス帝国の領域であった独立国によって構成される特殊な国家結合は，「コモンウェルス（Common wealth of Nations）」又は「英連邦」と呼ばれています。2021年現在の構成国は，カナダ，オーストラリア，ニュージーランド，インド，マレーシアなど54か国です。

　コモンウェルスの構成国は，それぞれ完全に独立した主権国家であり，イギリスを含めすべて相互に対等な関係に立ちます。イギリスの国王を「自由な結合の象徴」として，次のような特殊な関係を形成しています。

① イギリス本国における行政機関としてコモンウェルス省があり，協議のためにコモンウェルス首相会議があります。

② 通常の外交使節ではなく高等弁務官（High Commissioner）を派遣し合います。

③ 条約を結ぶときは，事前に他の構成国に通告します。

④ 構成国間の紛争は国際裁判所に付託しないこととしています。

⑤ コモンウェルス諸国の国民は，コモンウェルス市民という地位を持っています。

　本書の実例では，被相続人であるイギリス人男性は，カナダで居住・就労していたことから，カナダ政府から退職年金を受給していました。また，男性の弟もイギリス生まれですが，現在はカナダ在住です。このように，イギリスとコモンウェルス構成国とは目に見えないつながりを持っているのです。

2020 年 3 月にイギリス王室を離脱したヘンリー王子とメーガン妃は，まずカナダに移住しました。その背景には，カナダの国家元首がエリザベス 2 世（イギリス女王）であり，カナダがコモンウェルス構成国であるという事情もあるといわれています。

　また，コロナウイルスの感染が拡大した同年 4 月，イースターを前にエリザベス 2 世が，「私たちはコロナウイルスに屈しません」というメッセージを発信されました。その中で，コモンウェルス構成国間の助け合いに触れられていたことを覚えておられる方もいると思います。

第2節 ｜ 国際裁判管轄の検討

　前記のとおり，遺言書検認の国際裁判管轄が家裁支部にあることの証明を求められましたので，以下の上申書を申立人が家裁支部に提出しました。この上申書に基づいて，家裁支部の国際裁判管轄が認められています。

　なお，2019 年 4 月に改正家事事件手続法が施行され，相続に関する審判事件については，相続開始の時における被相続人の住所が日本国内にあるときには日本の裁判所に管轄が認められるようになりました（家事事件手続法 3 条の 11 第 1 項，別表第 1 第 103 項）。

　仮に日本に国際裁判管轄がないとされた場合には，外国（本件ではイギリス）に国際裁判管轄があるかどうかを調べることになります。その際は，当該外国の弁護士など専門家に相談することが必要になるかもしれません。

　さらに，当該外国にも国際裁判管轄がない場合については，日本に例外的に国際裁判管轄を認める「緊急管轄」という途があります。この「緊急管轄」は，当該事件と日本との間に一定程度の関係性があるという要件のもとで認められる可能性があります。

上申書（遺言書検認の裁判管轄権について）

平成■年■月■日

長野家庭裁判所■支部長殿

申立人　■　■

〒■－■
長野県■市■　■－■
電話　■　■　■
FAX　同上

　申立人の遺言書検認の申立てに関連して，遺言書検認の国際的裁判管轄権が貴裁判所に認められると考える理由は，下記のとおりです。

記

1　「法の適用に関する通則法」の規定

　イギリス国籍の故人で日本に最後の住所を有していた者が残した遺言の成立・効力については，法の適用に関する通則法37条１項により，その遺言成立の当時における遺言者の本国法であるイギリス法が準拠法になります。

　ただし，当事者の本国法によるべき場合であっても，その国の法に従うと日本法によるべきものとされているときは，日本法によることになります（同法41条本文）。

2　駐日英国大使館・総領事館及び法律事務所等への照会

　遺言書検認の裁判管轄権に関するイギリス法を調べるため，駐日英国大使館（東京）及び英国総領事館（大阪）に照会したところ，両機関からの回答は，法律に関する問題（legal matter）については関知しない，駐日英国大使館のホームページ上に掲載している弁護士等法律家リストを参照し，そちらに問い合わせてほしいという内容でした。

　そこでこの問題について，当該リストに掲載されている「■■法律事務所」（東京都千代田区）及び行政書士■■事務所（同）に照会しました。いずれの事務所からも，「遺言書の検認については日本法が適用されるので，日本の手続に従えばよい」との回答をいただきました。

　なお，駐日英国大使館のホームページには「遺言，遺言書の検認，相続」（Wills, probate and inheritance from GOV.UK）の項目が掲載されています。ここに記載されている「遺言書の検認（probate）」とは，被相続人の遺産を取扱う権利（The right to deal with the estate of someone who died is called "probate".）という意味で，日本の民法1004条にいう「検認」とは異なります。同条が規定する遺言書の保全手続としての「検認」についての記載は，駐日英国大使館ホームページにはありません。

3　渉外法務の実務書の記載

　ちなみに，第一東京弁護士会人権擁護委員会国際人権部会が編集した著書『外国人の法律相談Q&A　第二次改訂版』（ぎょうせい，平成23年）の187頁には「Q64 遺言書の検認」の項目があります。ここでは，日本在住のイギリス人が遺書を残して死亡し，その妻から相談を受けた場合の回答が書かれています。同書で紹介されている事案は，本件の事案と同じものです。ここでは，遺言者が日本に最後の住所を有していた場合には，日本の裁判所に遺言書検認の国際的裁判管轄権が認められるのが実務での原則的扱いとされています。

　以上のとおり，遺言書検認の国際的裁判管轄権が日本の裁判所に認められ，申立人の遺言書検認の裁判管轄権は貴裁判所にあると考えられます。

以　上

添付書類

　第一東京弁護士会人権擁護委員会国際人権部会編『外国人の法律相談Q&A（第二次改訂版）』（ぎょうせい，平成 23 年）187―188 頁，177 頁

（注）　添付書類の『外国人の法律相談 Q&A』は，「第四次改訂版」（2019 年）では199―202 頁，189 頁。

第 3 節 ｜ 準拠法の検討

　前記のとおり，「イギリス人死亡の場合の遺言書の扱い」についての説明文書を家裁支部から求められましたので，以下の上申書を申立人が提出しました。この上申書に基づいて，家裁支部は遺言書検認の準拠法を日本法としています。

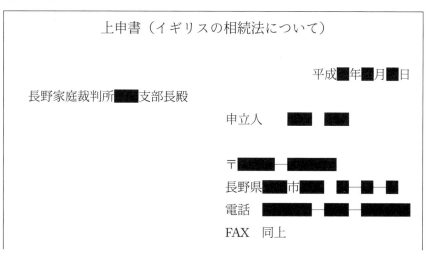

上申書（イギリスの相続法について）

平成■年■月■日

長野家庭裁判所■■支部長殿

申立人　　■■　■■

〒■■■―■■■■
長野県■■市■■　■■―■■―■
電話　■■■―■■■■―■■■■
FAX　同上

申立人の遺言書検認申立てに関連して，イギリスの相続法の概略，及び本件の法定相続人は，下記のとおりです。

記

1　イギリスの相続法の概略

(1)　法律が定める遺言の方式

　イギリスの法律が定める遺言の方式は，以下の4つの要件をみたす必要があります。
① 　書面に遺言の意思表示がなされること
② 　本人が署名するか，又は本人の直接の指図に従って代理人が署名すること
③ 　この署名が正しくなされたことを証明できる2人の証人が立ち会うこと
④ 　この2人が実際に立ち会い，法律に従って遺言書が作成された旨の署名がなされていること

(2)　被相続人が遺言を残さないで死亡した場合

　被相続人が遺言を残さないで死亡したときは，法定相続人が遺産を相続します。法定相続人及び相続分は以下のとおりです。
① 　遺産のうち動産は，すべて残存配偶者によって相続されます。
② 　不動産については，子供がいる場合には，残存配偶者が12万5,000ポンド（利息付）を取得し，さらに残りがあればその半分の生涯権を相続し，他の半分を子供たちが相続します。
③ 　不動産について，子供がいない場合には，残存配偶者が20万ポンド（利息付）を取得し，親又は兄弟姉妹が生存しているときは，その

残りの部分を半分ずつ配分します。他の半分の財産は，親がいると
きは親が相続し，親がいないときは兄弟姉妹が相続します。

④　配偶者が生存していないときは，子供がすべての財産を相続しま
す。

⑤　配偶者も子供もいないときは，親，兄弟姉妹，祖父母の順で相続
します。

⑥　これらの者も生存していないときは，遺産は国庫に帰属すること
になります。

(3) 遺産管財人及び遺言執行人

　遺産は，売却を目的とした信託財産として，家庭裁判所によって任命
された遺産管財人に移転されます。この管財人が権利関係を調べたうえ
で，相続人に遺産を配分します。遺言書の中に遺言執行人が指定されて
いる場合には，その執行人が遺産管理にあたります。

(4) 家族寄与分の配分の申立て

　被相続人が遺言などによって財産をだれかに移転してしまった場合，
そのために相続できなかった一定の資格のある者は，イギリスの高等法
院又は県裁判所に上記（2）の遺族の権利（家族寄与分）の配分を申し立
てることができます。

　ここで資格のある者とは，①被相続人の配偶者，②過去に配偶者で
あった者で，現在も他の配偶者と婚姻していない者，③被相続人の子供，
④子供と同様に扱われていた者，又は被相続人に扶養されていた者，で
す。

　家族寄与分は，裁判所が諸般の事情を考慮して，公正の一般原理に基
づいて決めるものです。客観的な基準が定められているわけではありま
せん。

2　本件の法定相続人

　本件の法定相続人は，残存配偶者である申立人，及び被相続人の弟（カナダ在住）の 2 人だけです。被相続人には子供はなく，両親も被相続人の死亡以前に亡くなっています。

以　上

添付書類

　田島裕『イギリス法入門（第 2 版）』（信山社，平成 21 年）100—102 頁，109 頁

第 4 節　外国送達と翻訳等

1　外国送達

　本件では，「遺言書検認の期日通知」を，カナダ在住の被相続人の弟に家裁支部が送付しています。これが「外国送達」です。その際，日本語で書かれたこの通知文書を英訳するよう家裁支部から指示され，以下のとおり英訳を提出しました。

遺 言 書 検 認 の 期 日 通 知

相 続 人 各 位

平成■年■月■日
長野家庭裁判所■■支部
裁判所書記官　■■■■

　下記のとおりに遺言書の検認をしますので，立ち会われるよう通知します。

事件番号等	平成■年（家）第■号◆遺言書検認申立事件
申立人	■■■■■
遺言者	■■■■
検認期日	平成■年■月■日（水）午後1時00分
検認場所	長野家庭裁判所■■支部

備考
1　遺言書の検認は，遺言の執行前に遺言書の形式その他の状態を検証して，その偽造変造を予防し，同時に将来遺言の争いが生じたような場合に有力な資料を提供するものです。したがって遺言書の内容が適法かどうかとか，あるいはそれが有効か無効かなどを調査決定するものではありません。
2　申立人以外の方で当日都合の悪い方は立ち会わなくても結構です。立ち会われる場合は，事前に上記担当書記官までご連絡ください。
3　当日裁判所へ出頭された方は，1階家裁書記官室へお越しください。

Notification of the date of probate
(Translation)

███ ███, 20███

Dear Heirs:

The Court will probate as follows. So I notify the following information.

Case number etc.	No. ███ Probate application case
Applicant	███████
Testator	███████
Date of probate	1 p.m. ███████ (Wednesday), 20███
Place of probate	███ branch of Nagano Family Court

Notes

1   The aim of probate is that before the execution of will we inspect the condition of formation of testamentary document etc. to prevent forgery and alteration of documents, and furnish effective data in case of conflict over testament. Therefore, the aim is not a investigation or determination of whether the content of testamentary documents is legal, or whether it is valid or invalid.

2   Except for applicant, those who will not be free on the date of probate do not have to attend. If you can attend, please inform the Court Clerk below.

3   When you appear in the Court on the date of probate, please come to the Family Court Clerk Room on the first floor.

Yours sincerely,
███ branch of Nagano Family Court
Court Clerk   ███████

2 翻 訳

　英語から日本語への翻訳は，本件では，①「遺言書」，②「宣誓供述書」，③「死亡証明書」の3つについて必要でした。提出先は次のとおりです。

① 遺言書：家裁支部（依頼者が提出），長野地方法務局○○支局（司法書士を経由）

② 宣誓供述書：家裁支部（依頼者が提出），長野地方法務局○○支局（司法書士を経由）

③ 死亡証明書：長野地方法務局○○支局（司法書士を経由）

(1) 遺 言 書

Last Will and Testament

I, ██████████, being of sound mind and health declare this to be my last will and testament, revoking any and all prior wills.

In the event of my death, I bequest all of my assets, real property and cash, to Ms. ████████, to be used and disposed of in any way she sees fit, with the following exception.

From the proceeds of these assets Ms. ████████ is to pay and settle all accounts outstanding at the time of my death, and to pay funeral expenses.

Signed ████████

Date ████████ at ███ city,

Bank account — ██████████████

遺言書
（訳文）

　私，█████は，健全な精神・健康状態の下で，この書面を私の遺言書として宣言します。これに先立ついかなる遺言もすべて無効です。

　私が死亡した際は，私のすべての資産，不動産，現金を█████に相続させます。以下の例外を除いて，これらすべての財産は彼女が適当と考える方法で使用し，処分することができます。

　█████は，これらの相続財産から，死亡に際して生じるすべての費用を支払い，精算しなければなりません。また，葬儀の費用もこれらの相続財産から支出しなければなりません。

　署名　█████

　日付　█████　　█市にて

　銀行口座　█████　暗証番号　████

（2）宣誓供述書（Affidavit）

　宣誓供述書（Affidavit）とは，権限ある大使館員等の面前で当事者が親族関係等の事実を供述し，その内容が真実であることを宣誓したうえで，権限ある者が署名した書面です。記載された内容についてまで権限ある者が保証するものではありません。

　本書の実例では，駐日英国大使館（東京）において，被相続人の弟が供述・宣誓した内容を副領事が記載し署名しました。

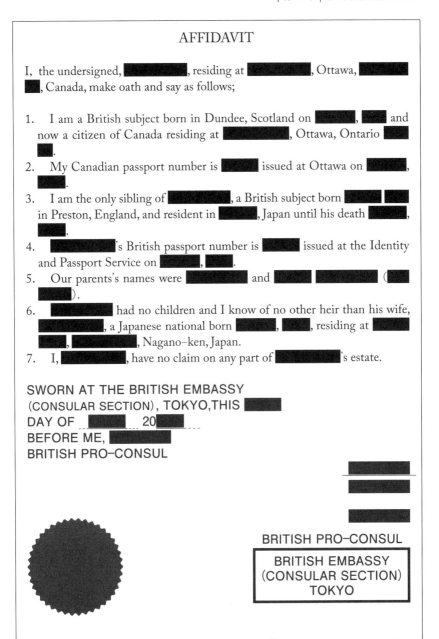

AFFIDAVIT

I, the undersigned, ███████████, residing at ███████████, Ottawa, ███████
██, Canada, make oath and say as follows;

1.　I am a British subject born in Dundee, Scotland on ███████, ████ and
　　now a citizen of Canada residing at ███████████, Ottawa, Ontario ████
　　██.

2.　My Canadian passport number is ███████ issued at Ottawa on ███████,
　　██.

3.　I am the only sibling of ███████████, a British subject born ████ ████
　　in Preston, England, and resident in ███████, Japan until his death ████,
　　██.

4.　███████████'s British passport number is ███████ issued at the Identity
　　and Passport Service on ███████, ████.

5.　Our parents's names were ███████████ and ████ ███████████ (████
　　███████).

6.　███████████ had no children and I know of no other heir than his wife,
　　███████████, a Japanese national born ███████, ████, residing at ███████
　　███, ███████████, Nagano-ken, Japan.

7.　I, ███████████, have no claim on any part of ███████████'s estate.

SWORN AT THE BRITISH EMBASSY
(CONSULAR SECTION), TOKYO, THIS ███████
DAY OF ███████ 20███
BEFORE ME, ███████████
BRITISH PRO-CONSUL

BRITISH PRO-CONSUL

BRITISH EMBASSY
(CONSULAR SECTION)
TOKYO

"The service provided by the British Embassy/High Commission on this
document should not be taken as to certifying that this document is binding
in law (whether under UK law or otherwise). Individuals are advised to seek

independent legal advice as to the validity of this document under the relevant law."

宣誓供述書

（訳文）

　私　下記のとおり署名しました ████████ （カナダ，オンタリオ州オタワ，████████在住，郵便番号████ ████）は，宣誓し，次のとおり供述します。

1. 私は，英国民として 19██ 年 █ 月 █ 日にスコットランドのダンディーで生まれました。現在はカナダ国民で，オンタリオ州オタワ，████████ （郵便番号████ ████）に住んでいます。

2. 私のカナダのパスポート番号は ████████ で，20██ 年 █ 月 █ 日にオタワで発行されました。

3. 私は，████████ の唯一の兄弟です。████████ は，英国民として 19██ 年 █ 月 █ 日，イングランドのプレストンに生まれ，20██ 年 █ 月 █ 日に亡くなるまで日本の ██ に住んでいました。

4. ████████ の英国パスポート番号は ████████ で，20██ 年 █ 月 █ 日にロンドンのパスポート事務所で発行されました。

5. 私たちの両親の名前は，████████ と ████████ （旧姓 ████████ ）です。

6. ████████ には子はいませんでした。████████ の妻の ████████ （██ 年 █ 月 █ 日生まれの日本国民，長野県████████在住）が唯一の法定相続人であると考えます。

7. 私 ████████ は，████████ のすべての遺産について，一切の請求をいたしません。

　本日，20██ 年 █ 月 █ 日，東京の駐日英国大使館（領事部門）において，私　英国副領事・████████ の面前で宣誓したことを証明します。

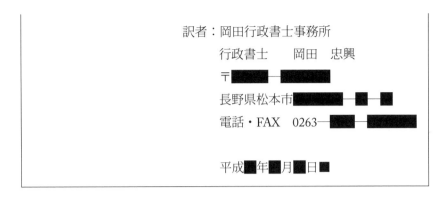

(3) 死亡証明書

被相続人の死亡証明書は，宣誓供述書と併せて，駐日英国大使館で発行してもらいました。

DEATH within the district of the British Consul-General at Tokyo		ENTRY No. ▇▇
1. Date and place of death　　　　　On the ▇▇▇▇▇ ▇▇▇, ▇▇▇, ▇▇▇▇, ▇▇▇ 20▇▇　Nagano-ken, Japan		
2. Name and surname　　　　　　　　　▇▇▇▇		
3. Sex Male	4. Maiden surname of woman who has married	
5. Date and place of birth ▇▇▇ 19▇▇ Preston, England		6. Occupation ▇▇▇▇
7. Address of usual residence　　　▇▇, ▇▇▇, ▇▇▇, Nagano-ken		
8. Claim to citizenship S 11 (1) British Nationality Act 1981		

9. Evidence of death seen by registration officer.
Local Death Certificate

<table>
<tr><td colspan="2" style="text-align:center">INFORMANT</td></tr>
<tr><td>10. Name and surname
████████</td><td>11. Qualification
Wife</td></tr>
<tr><td colspan="2">12. Postal address ████ ████████, ████████,
Nagano-ken</td></tr>
<tr><td>13. Date of registration
██ ███ 20██</td><td>14. Signature of registration officer
████████</td></tr>
<tr><td colspan="2" style="text-align:center">MARGINAL NOTES</td></tr>
</table>

I, ████████, Registration Officer at British Embassy (Consular Section), Tokyo, *do hereby certify that this is a true copy of an entry in a register in my custody.*
Witness my hand and seal, this ████ day of ████, 20 ██.

████████
_____
Registration Officer

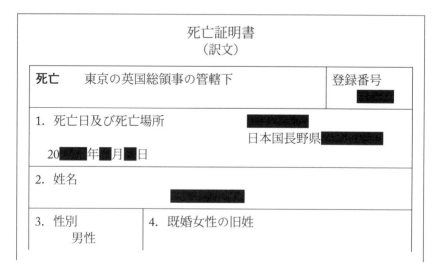

死亡証明書
（訳文）

死亡 東京の英国総領事の管轄下	登録番号
	████

1. 死亡日及び死亡場所 ████████
日本国長野県████████
20██年█月█日

2. 姓名
████████

3. 性別 男性	4. 既婚女性の旧姓

5. 出生日及び出生地 19██年█月█日 イングランド，プレストン	6. 職業 ████

7. 現住所 長野県██████████

8. 市民権 1981 年イギリス国籍法 S11（1）

9. 登録官による死亡証拠 地方死亡証明

届出人

10. 姓名 ████　████	11. 資格 妻

12. 住所 長野県████████

13. 登録日 20██年█月█日	14. 登録官の署名 ████████

脚注

私　████████，東京の駐日英国大使館（領事部門）の登録官は，この書類は私の管理下の登録において真正な記載の写しであることをここに証明します。

ここに誓い，捺印します。　　　　　　　　20██年█月█日

　　　　　　　　　　　　　　　　　　＿＿＿＿＿＿＿＿＿＿＿
　　　　　　　　　　　　　　　　　　　　　登録官

3 その他の書類

（1）海外在住の親族宛ての依頼文

家裁支部から次の2点の書類提出を求められました。

① 被相続人とその弟の続柄を証明する書類（日本の戸籍のようなもの）

② 被相続人の配偶者・弟のほかに相続人がいないことの証明書

そこでまず，カナダ在住の弟に対し，該当する証明書を取得できないかどうかを尋ねる依頼文を作成しました。これを申立人に郵送していただきました。

しかし，いずれの書類も，カナダ及びイギリスで取得することはできないとの回答が届きました。そのため後日，上記弟に駐日英国大使館で宣誓供述書（Affidavit）を作成してもらいました。

I went to the Family Court in ███–city to require the probate of testamentary document.
But the Family Court required me to submit two documents;
One is the copy of family registration between you and ███████.
The other is a document to prove that there is no heir except you and me to a real estate in ███–city.
Therefore, I would appreciate it very much if you would kindly send me these two documents.
I hope this request will not trouble you too much.

【日本語訳】

　私は，遺言書検認の申立てをするため，███市の家庭裁判所に行きました。

　しかし，家庭裁判所から次の2つの書類の提出を求められました。

　ひとつは，あなたと███████の続柄を証明する書類です。

　もうひとつは，███市の不動産について，あなたと私のほかには相続人がいないことを証明する書類です。

　そこで，もし取得いただけましたら，これら2つの書類をお送りいただきたくお願いいたします。

> ご多用とは存じますが，何卒よろしくお願い申し上げます。

（2）検認済証明書

　家裁支部における遺言書検認は，申立てから約3か月後に申立人の立会いのもとで行われました。

　検認が済むと，同支部が次のような「検認済証明書」を交付します。この証明書は不動産所有権の移転登記手続で必要になります。

　この遺言書は，平成 ████ 年 █ 月 █ 日

　当裁判所平成 ████ 年（家）第 ████ 号遺言書検認申立事件として検認されたことを証明する。

　　　　　　　　平成 ████ 年 █ 月 █ 日

　　　　　　　　　長野家庭裁判所 ███ 支部

　　　　　　　　　　裁判所書記官　　████████　　㊞

イギリスの相続手続(イギリス本国での死亡登録等)

1 Births, deaths, marriages and care

　駐日英国大使館ホームページ（https://www.gov.uk/）をご覧いただくと，トップページ下に「Births, deaths, marriages and care」（https://www.gov.uk/browse/births–deaths–marriages）というウェブページがあります。家族関係の手続の解説です。

　この一覧のなかの「Death and bereavement」を検索します。ここに死亡後の手続の説明が書かれています。

Births, deaths, marriages and care：出生，死亡，婚姻，保護

Browse: Births, deaths, marriages and care

A to Z

- **Certificates, register offices, changes of name or gender**

  Birth certificates, registering a death, marriage, family history and correcting certificates
  (https://www.gov.uk/browse/births–deaths–marriages/register–offices)

- **Child Benefit**

  Information about eligibility, claiming and when Child Benefit stops
  (https://www.gov.uk/browse/births–deaths–marriages/child)

- **Death and bereavement**

  Reporting a death, wills, probate and Inheritance Tax
  (https://www.gov.uk/browse/births–deaths–marriages/death)

- **Having a child, parenting and adoption**

  Legal rights, birth certificates, parental rights and child maintenance
  (https://www.gov.uk/browse/births–deaths–marriages/child–adoption)

- **Lasting power of attorney, being in care and your financial affairs**

  Includes dealing with benefits, taxes and leaving care
  (https://www.gov.uk/browse/births–deaths–marriages/lasting–power–attorney)
- **Marriage, civil partnership and divorce**

  Includes getting married abroad, decree absolutes and looking after children
  (https://www.gov.uk/browse/births–deaths–marriages/marriage–divorce)
- Benefits (https://www.gov.uk/browse/benefits)
- Births, deaths, marriages and care (https://www.gov.uk/browse/births–deaths–marriages)
- Business and self–employed (https://www.gov.uk/browse/business)
- Childcare and parenting (https://www.gov.uk/browse/childcare–parenting)
- Citizenship and living in the UK (https://www.gov.uk/browse/citizenship)
- Crime, justice and the law (https://www.gov.uk/browse/justice)
- Disabled people (https://www.gov.uk/browse/disabilities)
- Driving and transport (https://www.gov.uk/browse/driving)
- Education and learning (https://www.gov.uk/browse/education)
- Employing people (https://www.gov.uk/browse/employing–people)
- Environment and countryside (https://www.gov.uk/browse/environment–countryside)
- Housing and local services (https://www.gov.uk/browse/housing–local–services)
- Money and tax (https://www.gov.uk/browse/tax)
- Passports, travel and living abroad (https://www.gov.uk/browse/abroad)
- Visas and immigration (https://www.gov.uk/browse/visas–immigration)
- Working, jobs and pensions (https://www.gov.uk/browse/working)

2　What to do when someone dies: step by step

　「Death and bereavement」から，「What to do when someone dies: step by step」に入ります。ここには，死亡登録から葬儀手配，金銭的サポートなどの一覧が記載されています。

---

① 「What to do when someone dies: step by step」

▼

② 「Register the death」

▼

③ 「the death happened outside the UK」

▼

④ 「What to do if someone dies abroad」

死亡後の手続は以下のとおりです。

① 死亡登録：登録は死亡後5日以内に行う必要があります。

② 葬儀の手配：手続の支援先も記載されています。

③ Tell Us Once service：この窓口では死亡後の関係政府機関を教えてくれます。

④ 死亡後の金銭的サポート。

⑤ 遺産の処分：遺言書の検認が必要かどうかの確認，遺産の評価など。

│What to do when someone dies: step by step：死亡後の手続一覧

What to do when someone dies: step by step

Check what to do after a death – how to register the death, notify government departments and manage financial issues.

1 Register the death, show this section, this section

1. Register the death within 5 days （https://www.gov.uk/after–a–death?–step–by–step–nav=4f1fe77d–f43b–4581–baf9–e2600e2a2b7a）

Check what to do if:

・the death has been reported to a coroner （https://www.gov.uk/after–a–death/when–a–death–is–reported–to–a–coroner?step–by–step–nav=4f1fe77d–f43b–4581–baf9–e2600e2a2b7a）

・the death happened outside the UK （https://www.gov.uk/after–a–death/death–abroad?step–by–step–nav=4f1fe77d–f43b–4581–baf9–e2600e2a2b7a）

・you're registering a stillbirth （https://www.gov.uk/register–stillbirth?step–by–step–nav=4f1fe77d–f43b–4581–baf9–e2600e2a2b7a）

- someone is missing and you think they're dead (https://www.gov.uk/ get–declaration–presumed–death?step–by–step–nav=4f1fe77d–f43b– 4581–baf9–e2600e2a2b7a)

To stop or change benefits payments you can tell the Department for Work and Pensions (DWP) about the death straight away.

2 Arrange the funeral

1. Arrange the funeral (https://www.gov.uk/after–a–death/arrange–the– funeral?step–by–step–nav=4f1fe77d–f43b–4581–baf9–e2600e2a2b7a)
2. Find bereavement services from your local council (https://www.gov. uk/find–bereavement–services–from–council?step–by–step– nav=4f1fe77d–f43b–4581–baf9–e2600e2a2b7a)
3. Get help paying for a funeral (https://www.gov.uk/funeral–payments?- step–by–step–nav=4f1fe77d–f43b–4581–baf9–e2600e2a2b7a)
4. Get help paying for a child's funeral (https://www.gov.uk/child–funeral– costs?step–by–step–nav=4f1fe77d–f43b–4581–baf9–e2600e2a2b7a)
5. Find bereavement help and support (https://www.gov.uk/after–a–death/ bereavement–help–and–support?step–by–step–nav=4f1fe77d–f43b– 4581–baf9–e2600e2a2b7a)

3 Tell government about the death

The Tell Us Once service allows you to inform all the relevant government departments when someone dies.

1. Use the Tell Us Once service to tell government (https://www.gov.uk/ after–a–death/organisations–you–need–to–contact–and–tell–us–once?- step–by–step–nav=4f1fe77d–f43b–4581–baf9–e2600e2a2b7a)
2. If you cannot use Tell Us Once, tell government yourself (https://www. gov.uk/after–a–death/tax–benefits–vehicles?step–by–step–nav=4f1fe77d– f43b–4581–baf9–e2600e2a2b7a)

You'll also need to tell banks, utility companies, and landlords or housing associations yourself.

4 Check if you can get bereavement benefits

You might be eligible for financial help.
Check if you can get:

- Bereavement Support Payment if your spouse or civil partner has died (https://www.gov.uk/bereavement–support–payment?step–by–step– nav=4f1fe77d–f43b–4581–baf9–e2600e2a2b7a)
- Guardian's Allowance if you're bringing up a child whose parents have died (https://www.gov.uk/guardians–allowance?step–by–step–

nav=4f1fe77d–f43b–4581–baf9–e2600e2a2b7a）

and

Deal with your own benefits, pension and taxes

Your tax, benefit claims and pension might change depending on your relationship with the person who died.

1. Manage your tax, pensions and benefits if your spouse has died (https://www.gov.uk/death–spouse–benefits–tax–pension?step–by–step–nav=4f1fe77d–f43b–4581–baf9–e2600e2a2b7a）

2. Check how benefits are affected if a child dies (https://www.gov.uk/after–a–death/if–a–child–or–baby–dies?step–by–step–nav=4f1fe77d–f43b–4581–baf9–e2600e2a2b7a）

and

Check if you need to apply to stay in the UK

If your right to live in the UK depends on your relationship with someone who died you might need to apply for a new visa.
Check the rules if:

- you're in the UK as the partner of a British Citizen or someone with indefinite leave to remain (https://www.gov.uk/visas–partner–dies?step–by–step–nav=4f1fe77d–f43b–4581–baf9–e2600e2a2b7a）
- your partner who died served as a member of HM Forces (https://www.gov.uk/government/publications/hm–forces–partners–and–children?step–by–step–nav=4f1fe77d–f43b–4581–baf9–e2600e2a2b7a）

1. Contact UKVI to check the rules for other visas (https://www.gov.uk/contact–ukvi–inside–outside–uk）

5   Deal with their estate

You might have to deal with the will, money and property of the person who's died if you're a close friend or relative, or the executor of the will.

1. Check if you need to apply for probate (https://www.gov.uk/applying–for–probate?step–by–step–nav=4f1fe77d–f43b–4581–baf9–e2600e2a2b7a）

2. Value the estate

3. Deal with the estate (https://www.gov.uk/probate–estate?step–by–step–nav=4f1fe77d–f43b–4581–baf9–e2600e2a2b7a）

4. Update property records (https://www.gov.uk/update–property–records–someone–dies?step–by–step–nav=4f1fe77d–f43b–4581–baf9–e2600e2a2b7a）

What to do if someone dies abroad

You must register a death with the local authorities in the country where the person died.

In many countries you can also register the death with the UK authorities (https://www.gov.uk/register-a-death).

These rules apply if you live in England and Wales. There are different processes in Scotland (https://www.mygov.scot/death-abroad/) and Northern Ireland (http://www.nidirect.gov.uk/when-someone-dies-abroad).

Reporting the death

The Tell Us Once (https://www.gov.uk/after-a-death/organisations-you-need-to-contact-and-tell-us-once) service lets you report a death to most government organisations in one go.

You can use Tell Us Once if the death has been registered with the UK authorities and the person died in:

- a Commonwealth country (http://thecommonwealth.org/member-countries)
- a European Economic Area (EEA) country (https://www.gov.uk/eu-eea)
- Switzerland

You'll need a unique reference number to use Tell Us Once. Register the death with the UK authorities to get a reference number (https://www.gov.uk/register-a-death).

If you do not use Tell Us Once and the person who died was getting a pension or other benefits contact the International Pension Centre (https://www.gov.uk/international-pension-centre).

Find out more about coping with a death abroad (https://www.gov.uk/government/publications/coping-with-death-abroad).

Bringing the body home

To bring the body home you must:

- get a certified English translation of the death certificate
- get permission to remove the body, issued by a coroner (or equivalent) in the country where the person died
- tell a coroner in England if the death was violent or unnatural

Ask for advice from the British consulate, embassy or high commission (https://www.gov.uk/government/world/embassies) in the country where the person died.

Contact a register office

Once the body is home, take the death certificate to the register office (https://www.gov.uk/register-offices) in the area where the funeral is taking place.

As the death has already been registered abroad, the registrar will give you a 'certificate of no liability to register'. Give this to the funeral director so the funeral can go ahead.

If you're arranging the funeral yourself, give the certificate back to the registrar after the funeral's taken place. You must do this within 96 hours of the funeral.

When a coroner will be involved

A coroner will usually hold an inquest in England or Wales if the cause of death is unknown or if it was sudden, violent or unnatural.

You need a certificate from the coroner (form 'Cremation 6') if the person is to be cremated.

Bringing ashes home

When leaving a country with human ashes you will normally need to show:

- the death certificate
- the certificate of cremation

Each country has its own rules about departing with human ashes and there may be additional requirements. Contact the country's British consulate, embassy or high commission (https://www.gov.uk/government/world/organisations) for advice. You'll need to fill in a standard customs form when you arrive home.

Contact your airline to find out whether you can carry the ashes as hand luggage or as checked-in luggage. They may ask you to put the ashes in a non-metallic container so that they can be x-rayed.

You should not have the person cremated abroad if you want a coroner at home to conduct an inquest into their death.

Part of What to do when someone dies: step by step
(https://www.gov.uk/when-someone-dies)

3 Register a death

　第2章で説明したように不動産の所有権移転登記手続にはイギリス政府発行の「死亡証明書」が必要ですから，そのために同政府に「死亡登録」をしなければなりません。その手続きが「Register a death」です。

　2の「Death and bereavement」から「Register a death」に入り，以下のように進みます。

---

① 「Start now」

② 「Where did the death happen?」

　　　→ 「Abroad」

③ 「Which country did the death happen in?」

　　　→ 「Japan」

④ 「Where are you now?」

　　　→ 「In the country where the death happened」

⑤ 「Register a death」

Where did the death happen?：どこでお亡くなりになりましたか？

Where did the death happen?

○　England or Wales
○　Scotland
○　Northern Ireland
◉　Abroad

Next step

Which country did the death happen in?：死亡が発生した国はどちらですか？

Which country did the death happen in?

Afghanistan

Next step

⬇

Where are you now?：現在，あなたはどこの国にいますか？

Where are you now?

 In the country where the death happened
◯ In another country
◯ In the UK

Next step

⬇

　死亡登録は，死亡時の所在国の法令にしたがって行う必要があります。登録後，その国の死亡証明書が発行されますので，英語以外の場合は公認の翻訳を付けてイギリス本国に提出してください。

　イギリス当局への死亡登録は任意です。登録する場合は以下の手続が必要です。

① 必要書類の提出：英語以外の書類は，公認の翻訳者による翻訳を付ける必要があります。

② 死亡登録書への記入。

③ 登録料の支払い：原則として支払いはオンラインで行うこととされています。

④ 上記③の支払いが済むと，死亡登録書を利用する際の参照番号が送られてきます。

Register a death

You must register the death according to the regulations in the country where the person died. You will be given a local death certificate.

This local death certificate will be accepted in the UK. It may need to be a certified translation (https://www.gov.uk/certifying–a–document) of the document if it's not in English.

Register the death with the UK authorities

You can also apply to register the death with the UK authorities. You do not have to do this, but it means:

- the death will be recorded with the General Register Offices (for England, Wales and Northern Ireland) and the National Records Office of Scotland
- you can order a consular death registration certificate

You will need to:

1. Check that you have the right documents.
2. Print out and fill in the forms.
3. Pay.
4. Post your documents and the forms.

1. Documents

Send English translations of all foreign documents. Use a professional translator and include their name and address with your application. Do not send laminated documents.

You must provide:

- the original local death certificate (not a certificate issued by a doctor)
- a photocopy of the photo page of the passport of the person who died
- their original full UK birth, naturalisation or registration certificate (if you cannot provide their passport)
- written permission from the person's next of kin or the executor of their estate (if you're not next of kin or the executor)

  Your application will be rejected if the documents are not authentic, do not confirm the person's identity or do not prove that they were a British national when they died. The registration fee will not be refunded.

2. Forms

Print out and fill in the death registration form (https://www.gov.uk/government/publications/application–to–register–an–overseas–death).

3. Pay

Pay online for the registration. Email deathregistrationenquiries@fcdo. gov.uk if you are unable to pay online.

The registration fee does not include any copies of the certificate, but you can order them at the same time. Cheaper copies will be available from the General Register Office in the UK, but only from November the year after you register.

Service	Fee
Register a death	£150
Copy of a death registration certificate	£50

You must also pay for your documents to be returned to you.

Postage destination	Fee
UK address or British Forces Post Office	£5.50
Europe（excluding Albania, Armenia, Azerbaijan, Belarus, Bosnia and Herzegovina, Georgia, Liechtenstein, North Macedonia, Moldova, Montenegro, Russia, Serbia, Turkey and Ukraine）	£14.50
Rest of world	£25

Pay now（https://pay-register-death-abroad.service.gov.uk/start）

4. Send your registration

Once you've paid you will be given a reference number to use on your death registration form.

Post your registration form and documents by secure post to:

Overseas Registration Unit
Foreign, Commonwealth and Development Office
Hanslope Park
Hanslope
Milton Keynes
MK19 7BH
United Kingdom

Return of your documents

The Overseas Registration Unit will contact you if they need more information or if they need to verify your documents. If this happens then it could take up to 3 months for the death to be registered.

Your documents will be returned to you by secure courier after the death has been registered. You'll also be sent copies of the registration certificate if you've paid for them.

---

⑥ 「2. Forms」
  → 「death registration form」

⑦ 「APPLICATION TO REGISTER AN OVERSEAS DEATH OF A BRITISH CITIZEN」
  (PDF をダウンロードしてください。)

情報が随時更新されているため，更新情報に注意してください。

Application to register an overseas death：海外で亡くなった場合の死亡届

Application to register an overseas death

Published：21 March 2013
Last updated：25 May 2018 – see all updates
From:

Foreign & Commonwealth Office (https://www.gov.uk/government/organisations/foreign–commonwealth–office) and Foreign, Commonwealth & Development Office
(https://www.gov.uk/government/organisations/foreign–commonwealth–development–office)

Documents
Death registration application form
(https://assets.publishing.service.gov.uk/government/uploads/system/uploads/attachment_data/file/912869/Death_Reg_Form.docx)

MS Word Document, 50.1KB

Details

Application to register an overseas death

Published 21 March 2013
Last updated 25 May 2018 ＋ show all updates
1. 25 May 2018
   update to death registration form
2. 6 April 2016
   Fee Change
3. 11 June 2014
   Updated form
4. 17 April 2014
   Updated application form
5. 21 March 2013
   First published.

Related content

・Notarial and documentary services guide for Seychelles (https://www.gov.uk/guidance/notarial–and–documentary–services–guide–for–seychelles)
・Bahamas: bereavement pack (https://www.gov.uk/government/publications/bahamas–bereavement–pack–2)
・Russia: bereavement pack/information (https://www.gov.uk/government/publications/russia–pereavement–packinformation)
・Lithuania bereavement: death abroad (https://www.gov.uk/government/publications/lithuania–bereavement–information–pack)
・Denmark bereavement: death abroad (https://www.gov.uk/government/publications/denmark–bereavement–packinformation)

Explore the topic

・British nationals overseas (https://www.gov.uk/going–and–being–abroad/british–nationals–overseas)

　書類を記入する前に，まず提出書類のリストを参照することが求められています。参照先の URL が記載されています。
　記入等すべき事項は以下のとおりです。
1. Details about the informant：申請書記入者についての情報を記入。

2. Information about the person whose death is to be registered：死亡者について
の情報を記入。

3. Payment Details：申請料の支払い方法。デビットカード又はクレジット
カードによるオンラインでの支払いが求められています。

4. Declaration：申請書記入者の宣誓。

APPLICATION TO REGISTER AN OVERSEAS DEATH OF A BRITISH
CITIZEN：海外で亡くなったイギリス国民の死亡届

APPLICATION TO REGISTER
AN OVERSEAS DEATH OF A BRITISH CITIZEN

Please type, or print using black or blue ink

Before completing this form, please check the list of documents you must submit, at
https://www.gov.uk/register–a–death

1. <u>Details about the informant</u> (i.e. person completing this form)

Mr/Mrs/Ms/Miss/Other:	First name（s）:	Surname:

Primary telephone number:	Mobile:	Evening telephone:

Email Address: （please print）

Residential Address including Postcode:

House/Flat no.		Street	
District:			
Town:			

Region:	
Postcode:	
Country:	

Feedback

| We welcome you views on the registration service. If you agree to be contacted by answering "Yes" below, you will be consenting to share your persona data – name, email address, telephone number and service received – with our independent partner research agency, IFF Research. You may withdraw your consent at any stage by emailing Consular.research@fcdo.gov.uk. For more details on how your data will be handled in relation to feedback please see the research privacy policy at www.gov.uk/fcdo/tell–fcdo

Can our partner contact you for feedback to help improve this service? Are you willing to be contacted for feedback to help improve our service? (If so, you will be contacted by a third party acting on behalf of the FCDO)

Yes ☐   No ☐ |
|---|

Where do you want the certified copies delivered (if different from above)?
For deliveries to Cambodia, Kenya, Nigeria, Uganda and Papua New Guinea, please let us know if you would like to collect the documents from the British Embassy/High Commission/Consulate (indicating where).

House/Flat no.		Street	
District:			
Town:			

Region:	
Postcode:	
Country:	

Please state how many certified copies you require [   ]

2. Information about the person whose death is to be registered

Mr/Mrs/Ms/Miss/Other:	First Name:	Middle Name (s):
Surname:		Maiden Name:
Gender: Male ☐ Female ☐		
Date of Death:	Place of Death:	Country of Death:
Date of Birth:	Place of Birth:	Country of Birth:
Last gainful occupation:		
Full address of usual residence at time of death:		
House/Flat no.	Street	
District:		
Town:		
Region:		

Postcode:	
Country:	

Relationship of informant to the deceased:

Spouse ☐   Father ☐   Mother ☐   Son ☐

Daughter ☐   Other ☐

Other（please specify） _____

3. **Payment Details**

Applicants should pay online using a debit or credit card (https://pay–reg-ister–death–abroad.service.gov.uk/start). You must send a copy of the online payment confirmation page with your application and write the online reference below. The cards we accept are: MasterCard, Visa, Visa Debit and Maestro (UK Domestic). We do not accept American Express or Maestro (International) cards. If you are unable to pay online, please email the Overseas Registration Unit (DeathRegistrationApplications@fcdo.gov.uk).

If you do not have one of the cards we accept you should ask a friend or relative to pay on your behalf.

Online FCDO payment reference:

Our Fees：	£150 for Registration（this does not include a certified copy）
	£50 for each certified copy
Courier：	UK £5.50
	Europe £14.50
	Rest of World £25

Please add any other information relevant to the application:

4. Declaration

To the best of my personal knowledge, I declare that the details given in this form are true.

Signature:
Print Name:
Date:

Please be aware that Overseas Registration Unit may need to share information, data or facts contained within your document (s) with relevant authority/individuals for legal purposes, or for the purposes of authentication and verification. By submitting this application you have given us the authority and consent to do so.
For more details on how your data will be handled in relation to your application please see the Overseas Registration Unit privacy policy at www.gov.uk/fcdo/tell–fcdo

See www.gov.uk/register–a–death for a list of documents which must accompany the application. Please note that the list of documents is not exhaustive and depending on the circumstances it may be necessary for us to request additional information. Incomplete or incorrect applications may be returned using the postage facility/fee provided by the customer.

See www.gov.uk/register–a–death for information on how/where to submit the application.

第4章

カナダの年金制度

第1節 | カナダの年金制度の概要

1 二階建ての年金制度

　カナダの公的年金制度は，基礎年金である老齢保障制度（Old Age Security, OAS）と所得比例年金のカナダ年金制度（Canada Pension Plan, CPP）の二階建てとなっています。

　OAS はカナダ国内に居住資格がある人が対象で，CPP は日本の国民年金・厚生年金のようなものです。会社等に勤務していれば，CPP 積立ては給与から自動的に差し引かれて行われることになります。

　雇用・社会開発省（Employment and Social Development）の政府機関 Service Canada の所管です。

2 OAS

　OAS は，税収を財源としており保険料徴収はなく，65 歳以上になると支給されます。受給資格は，①資格申請の時点で，カナダの市民権又は永住権を保有し，②18 歳の誕生日以降，最低 10 年間カナダに居住していたことです。

3 CPP

　CPP は，就労中に支払った保険料の額に応じて，退職後に年金を受け取る制度です。カナダでは 18 歳から 70 歳まで就労し，年間所得が 3,500 ドルを

超える人は CPP の保険料を支払う義務があります。保険料は所得レベルに応じて決められ，給与所得者は雇用主と保険料を折半し，自営業者は全額自己負担で支払います。CPP は，受給者がカナダ国外に住んでいても支給されます。

（1）CPP の種類

　CPP には，①退職年金（Retirement Pension），②障害年金（Disability Benefits），③遺族年金（Survivor Benefits）の 3 種類があります。

（2）遺 族 年 金

遺族年金は，さらに次の 3 種類に分けられます。
① 　Death Benefit：一時金
② 　Survivor's Pension：被保険者の生存配偶者又はコモンローパートナーに毎月支給
③ 　Children's Benefits：被保険者の 18 歳未満の子に毎月支給

4　日本の年金制度との適用調整

　日本とカナダ間では，「社会保障に関する日本国とカナダとの間の協定」（以下，「協定」といいます）という社会保障協定が結ばれており，両国の年金制度について相互に適用調整（保険料の二重負担を防止するための二国間調整）や年金加入期間の通算を行っています。この協定では，カナダ側については OAS と CPP の 2 つの年金制度のみを対象としていますが，これらの制度とは別にケベック州に独自の年金制度（Québec Pension Plan, QPP）が存在しています。しかし，QPP は協定の対象とはなっていませんので，日本の年金制度との間で適用調整や年金加入期間の通算は行いません。協定の全文は本書巻末に資料として掲載してあります。

　また，日本とカナダとの間では，租税条約を締結していますが，年金条項はありません。そのため，それぞれの国で支払われる年金については，その支払国の租税法により課税されることになります。

　なお，日本は 23 か国と社会保障協定を署名済みで，うち 20 か国は発効済みです（2019 年 10 月 1 日現在）。イギリス，韓国，中国及びイタリア（未発効）との協定については，「保険料の二重負担防止」の内容のみとなっています。

（1）協定が発効済みの国

　ドイツ，イギリス，韓国，アメリカ，ベルギー，フランス，カナダ，オーストラリア，オランダ，チェコ，スペイン，アイルランド，ブラジル，スイス，ハンガリー，インド，ルクセンブルク，フィリピン，スロバキア，中国

（2）署名済み未発効の国

　イタリア（2009 年 2 月署名），スウェーデン（2019 年 4 月署名），フィンランド（2019 年 9 月署名）

☑ **キーワード解説** ｜ **ケベック州（Québec）**

　連邦制をとるカナダは 10 州，3 準州からなります。ケベック州はカナダ東部に位置し，州都はケベック，最大の都市はモントリオール。カナダの人口約 3,800 万人のうち，ケベック州はその約 4 分の 1 の 850 万人を占めています。「la belle province（美しい州）」として知られるケベック州ですが，政治的にも文化的にも他の州とはかなり異なる特徴をもっています。

　カナダの国家レベルの公用語は英語とフランス語で，大きく分けてケベック州がフランス語圏，その他の州・準州が英語圏に分けられます。ケベック州では住民の 8 割がフランス語を母語としています。

　歴史的には 16 世紀にセントローレンス川沿いにフランス人が入植し，ニューフランス植民地を建設。1763 年にイギリスに割譲され，ケベック植民地（旧ケベック）は 1791 年にローアーカナダとアッパーカナダに分割されています。1867 年，カナダ自治領成立時にはローアーカナダがケベック州として参加し，同年，州名と州域が確定しました。ケベック州はフランス語圏ですが，経済的実権は少数のイギリス系住民に握られてきました。そのため，1960 年代からカナダからの分離独立の動きがあり，現在に至るまで社会的緊張が続いています。

第2節 ┃ 年金実例の経緯

1 年金実例の経緯

序章で紹介した実例 **Case 02** をもう一度確認しましょう。

Case 02

　亡くなった夫は, 私と結婚する前にカナダに居住し, 同国で働いていました。結婚して長野県内で同居している間は, カナダ政府から毎月, 夫宛てに年金が小切手で届いていました。夫が亡くなったので, この年金の受給を断りたいです。また今後, 私がカナダ政府から遺族年金をもらえるのであれば, 受給したいと考えています。これらの手続について, 教えてください。

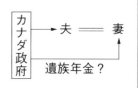

　この実例では, 被相続人であるイギリス人男性が, 日本に移住する前にカナダで居住・就労していました。そのため, 退職年金としての CPP を生前に受給しています。死亡に伴い, ① CPP の受給をストップし, ②残された配偶者の遺族年金受給が可能であれば申請したい, というのがご相談の内容です。

① イギリス人男性が長野県内で死亡。

▼

② 日本人配偶者（以下「配偶者」といいます）から，次の２つの相談を受ける。
　　・被相続人がカナダ政府から受給していた年金をストップしたい。
　　・遺族年金を受給できるかどうかを知りたい。

▼

③ カナダ政府機関（Service Canada）宛てに，退職年金としてのCPPの受給をストップしたい旨を記載した手紙を出す。併せて，被相続人死亡後も届いていた未開封の年金小切手を返送。

▼

④ CPP（退職年金）がストップ。

▼

⑤ 遺族年金（Survivor's Pension）の受給手続を始める。
　遺族年金としてのCPPの受給申請の必要書類は次の２つ。
　　・死亡証明書
　　・被相続人と配偶者の婚姻証明書

▼

⑥ イギリス政府から婚姻証明書を取得するため，同政府ホームページの婚姻証明書申請手続の入力をサポート。

▼

⑦ イギリス政府から，「婚姻の記録は存在しない」旨のメールを配偶者が受領。
　　（イギリスに婚姻記録が存在しない理由は不明。）

▼

⑧ カナダ政府機関に対し，遺族年金（Survivor's Pension）受給を申請。
　日本の全部事項証明書，英訳を婚姻証明書の代わりに提出。

▼

⑨ カナダ政府機関から，遺族年金（Survivor's Pension）支給決定の通知

書が配偶者に届く。

▼

⑩　カナダ政府機関から，遺族年金（Death Benefit）の申請を促す通知が届く。

▼

⑪　カナダ政府機関に対し，遺族年金（Death Benefit）受給を申請。

▼

⑫　カナダ政府機関から，遺族年金（Death Benefit）支給決定の通知書が配偶者に届く。

▼

⑬　カナダ政府機関から遺族年金（Death Benefit）の入金がないため，同政府機関宛ての督促状を配偶者名で郵送。

▼

⑭　⑫の約1か月半後に，遺族年金（Death Benefit）の小切手が配偶者に届く。

▼

⑮　カナダ政府機関から，遺族年金（Survivor's Pension）について，送金システム変更（小切手送付から口座振込みへの変更）に伴う書類提出の連絡が配偶者に届く。システム切り替えに時間がかかるため，返送した書類がカナダ政府機関に届いてから約3か月間は，従来どおり小切手で送金されるとの内容も含まれる。

▼

⑯　カナダ政府機関からの税金控除の通知文書が配偶者に届く。外国税額控除について税務署に照会。カナダで税金を支払っていれば，日本では外国税額控除があり，還付されるとの回答。その旨を配偶者に伝えたうえで，税理士に相談してほしいと伝える。

2　考え方の筋道

　依頼者から求められているのは，①退職年金（CPP）の受給をストップす

ること，②遺族年金（Survivor's Pension）の受給が可能であれば申請したい，という２点です。そこで，それぞれについて，カナダ政府機関（Service Canada）のホームページに記載されている手順に従って手続を進めることになります。

　ここでは，日本国内の相続手続と異なり，情報はすべて英文を読み込んで入手し，外国政府との連絡もすべて英語で行わなければならないことに難しさがあります。社会保障制度が日本とカナダでは異なるほか，日本・カナダ間で協定が結ばれていることから，これらの制度を調べたうえで，依頼者に説明する必要があります。

第3節 ｜ 退職年金の受給停止

1 キャンセル方法の検索

　退職年金の受給停止について，カナダ政府のホームページでは次のように検索します。

---

① Canada.ca

　（https://www.canada.ca/en.html）

② Cancel Old Age Security and Canada Pension Plan benefits

　（https://www.canada.ca/en/services/benefits/publicpensions/cpp/cancel-cpp.html）

　　i　Benefits must be cancelled after a death：死亡後の年金受給停止

　　ii　How to cancel benefits：年金キャンセルの手続

　　iii　Proof of death requirements：死亡を証明する資料

Canada.ca

The official website of the Government of Canada

Most requested

Sign in to an account   Employment Insurance and leave
Public pensions（CPP（Canada Pension Plan）and OAS（Old Age Security））
Get a passport
Coronavirus（COVID-19）
COVID-19 Financial assistance   COVID Alert App
Grants and funding

Jobs

Find a job, training, hiring programs, work permits, Social Insurance
Number（SIN）

Immigration and citizenship

Visit, work, study, immigrate, refugees, permanent residents, apply,
check status

Travel and tourism

In Canada or abroad, advice, advisories, passports, visit Canada,
events, attractions

Business and industry

Starting a business, permits, copyright, business support, selling to gov-
ernment

Benefits

EI（Employment Insurance）, family and sickness leave, pensions, housing,
student aid, disabilities

Health

Food, nutrition, diseases, vaccines, drugs, product safety and recalls

Taxes

Income tax, payroll, GST（Goods and services tax）/HST（Harmonized sales
tax）, contribution limits, tax credits, charities

Environment and natural resources

Weather, climate, agriculture, wildlife, pollution, conservation, fisheries

National security and defence

Military, transportation and cyber security, securing the border, counter-terrorism

Culture, history and sport

Arts, media, heritage, official languages, national identity and funding

Policing, justice and emergencies

Safety, justice system, prepare for emergencies, services for victims of crime

Transport and infrastructure

Aviation, marine, road and rail, car seat and vehicle recalls

Canada and the world

Foreign policy, trade agreements, development work, global issues

Money and finances

Personal finance, credit reports, fraud protection, paying for education

Science and innovation

Scientific research on health, environment and space, grants and funding

Focus on

Indigenous peoples

Programs and services for First Nations, Inuit and Métis

Veterans

Services for current and former military, RCMP (Royal Canadian Mounted Police) and their families

Youth

Programs and services for teenagers and young adults

Your government

Contact us

Department and agency contacts, change your address

Departments and agencies

A list of current government and related organizations

About government

How government works, its priorities, laws, finances and regulations

Open government

Accessible government, open information and data, open dialogue

---

OAS と CPP の受給停止

Cancel Old Age Security and Canada Pension Plan benefits

On this page

- Benefits must be cancelled after a death
- How to cancel benefits
- Proof of death requirements
- Returning benefit payments
    - Repayment method for payments received by direct deposit
    - Repayment method for payments received by cheque

Benefits must be cancelled after a death

When an Old Age Security (OAS) and Canada Pension Plan (CPP) beneficiary dies, their benefits must be cancelled. Benefits are payable for the month in which the death occurs; benefits received after that will have to be repaid. This includes the following benefits:

- OAS (Old Age Security) pension, including
    - Guaranteed Income Supplement
    - Allowance
    - Allowance for the Survivor
- CPP (Canada Pension Plan) retirement pension
- CPP (Canada Pension Plan) disability benefits

- CPP (Canada Pension Plan) children's benefits
- CPP (Canada Pension Plan) survivor benefits

How to cancel benefits

Please contact Service Canada as soon as possible to notify us of the date of death of the OAS (Old Age Security) and CPP (Canada Pension Plan) beneficiary.
If you contact Service Canada by telephone, have the person's Social Insurance Number (SIN) on hand when you call.
If you notify Service Canada by mail, please include the following information about the deceased beneficiary:

- full name
- date of birth
- date of death
- Social Insurance Number (if known)
- previous address
- name and address of the estate or the person responsible for handling the deceased's affairs (if known).

❶▼ Note
> If the deceased was receiving a benefit from the Quebec Pension Plan (QPP), also contact Retraite Québec.

Proof of death requirements

You might need documentation to prove the beneficiary's date of death when cancelling OAS and CPP benefits.

If the death occurred **in Canada**:
In most cases, Service Canada does not require proof of death to cancel OAS (Old Age Security) and CPP (Canada Pension Plan) benefits. In situations where proof of the date of death is required, Service Canada will notify the estate or the person responsible for handling the deceased's affairs.
If the death occurred **outside Canada**:
Service Canada requires proof of the beneficiary's date of death to cancel OAS (Old Age Security) and CPP (Canada Pension Plan) benefits.
The following are common documents that will be accepted as proof of the date of death:

- Official death certificate issued under the authority of some level of government (domestic or foreign) where the death occurred

- A document issued by a level of domestic or foreign government (federal, provincial/state/territorial, municipal, etc. (et cetera)) indicating the date of death (for example, Japanese Family Register, Portuguese Cédula Pessoal, etc. (et cetera))
- Funeral home burial or death certificate issued:
    - in accordance with the custom of any religious denomination by an ordained religious leader; or
    - by the funeral director; or
    - by any person who is authorized to issue such documents through the funeral home (this may vary from province to province).
- Medical certificate of death Issued by the attending doctor or coroner
- Statement by a doctor last in attendance, a coroner or a funeral director using stationery with the appropriate identifying letterhead
- Registration of death under a provincial or territorial authority
- Certification of death by social security authorities in another country where an international agreement on social security exists with that country
- Memorandum of Notification of Death issued by the Chief of National Defence Staff, Department of National Defence Canada, where the death of a member of the Canadian Forces occurs outside Canada
- Statement of Verification of Death from the Department of Veterans Affairs Canada written on the letterhead of the Department
- Official notification from the Administrator of the Estate appointed by a court
- Certified (by notary public) copy of the Letters of Probate
- Life or group insurance claim provided it includes a statement signed by a medical doctor
- An official notification written on the letterhead of a Provincial Public Trustee or Administrator of Estates

To be acceptable as a proof of death, a document must:
- be an original or certified copy;
- be on official letterhead or contain a seal;
- be dated, readable and not altered; and
- contain the following information:
    - the name of the deceased individual;
    - the date and place of death; and
    - the name and signature of a person authorized to issue the document.

Please contact Service Canada if you need to verify that a document is acceptable as proof of the date of death.

Returning benefit payments

The estate is entitled to the beneficiary's OAS and CPP payments for the month of death. All payments issued after the month of death must be returned. If the payments have been redeemed, they must be repaid.

Repayment method for payments received by direct deposit
If the beneficiary received payments by direct deposit, please have the bank return any payments deposited after the date of death to the originator, or send a cheque in Canadian funds made payable to the Receiver General for Canada to the office responsible for paying the deceased's OAS and CPP benefits.

Repayment method for payments received by cheque
 • If the beneficiary received payments by cheque, please return any cheques received after the month of death to:

Cheque Redemption Control Directorate
Returned Cheques
PO (Post Office) Box 2000
Matane QC (Quebec) G4W 4N5

Please make sure to include the name and address of the estate or the person responsible for handling the deceased's affairs (if known).
If the beneficiary's death occurred outside Canada, we require proof of the date of death (if not already submitted).

Related services and info

 • Death benefit
 • Retraite Québec
 • Payment calendar
 • My Service Canada Account

2 キャンセルの手続

　退職年金の受給停止の連絡について，次のような文書をカナダ政府機関宛てに郵送しました。

　併せて，被相続人死亡後に届いていた未開封の年金小切手をすべて返送しました。

　その後，退職年金の支給はストップしています。

カナダ政府機関宛ての退職年金支給停止願い

> ███████, ███████
> Nagano Prefecture
> ███████ Japan
> ███████, 20█████
>
> Service Canada
> Canada Pension Plan
>
> Dear Sir/Madam,
>
> My husband had been received taxable Canada Pension Plan benefits.
> But he died on ███████, 20█████. Therefore I would like to cancel the benefits.
>
> The information about the deceased beneficiary is as follows.
> ・Full name: ███████
> ・Date of birth: ███████ 19███
> ・Date of death: ███████ 20███
> ・Social insurance number: ███████
> ・Previous address: ███████, ███████, Nagano Prefecture, Japan
> ・The person responsible for handling the deceased's affairs:
> 　███████, ███████, Nagano Prefecture, Japan
>
> I have not received the benefits since ███████ 20█████.
> Please find enclosed documents.
>
> Yours sincerely,
>
> ███████

第4節 遺族年金の受給

1 遺族年金（Survivor's Pension）受給方法の検索

遺族年金（Survivor's Pension）の受給方法について，カナダ政府のウェブサイトでは次のように検索します。

---

① Canada.ca

→ Public pensions（CPP and OAS）

② Public pensions

→ Services and information

→ Survivor's Pension

③ Survivor's pension

→ When and how do I apply?

→ Canada Pension Plan survivor's pension and children's benefits application form（ISP 1300）

③ Form Detail

→ Application for CPP Survivor's pension and Child（ren's）Benefits

→ PDF：ISP-1300

（One moment, the form is loading の画面が出てきます。PDF をダウンロードしてください。）

Public pensions

Information on the Canada Pension Plan, Old Age Security pension and related benefits, the Canadian retirement income calculator and retirement planning.

Most requested

- Retirement pension – Applying online
- Receiving payment of Old Age Security and Canada Pension Plan pensions and benefits outside Canada
- Sign up for direct deposit
- Access My Service Canada Account
- Canadian retirement income calculator
- Old Age Security payment amounts
- Canada Pension Plan payment amounts
- Payment calendar
- Benefits finder

Services and information

Canada Pension Plan retirement pension
Eligibility criteria, deciding when to take your pension, how to apply online and amounts.

Canada Pension Plan disability benefits

A taxable benefit you may be eligible for if you are unable to work because of a disability.

Old Age Security pension

A pension you can receive if you are 65 years of age or older and have lived in Canada for at least 10 years – even if you have never worked.

Guaranteed Income Supplement

A benefit you may be eligible to collect if you are an Old Age Security recipient with low income.

Allowance for people aged 60 to 64

Benefit available to the spouses or common-law partners of Guaranteed Income Supplement recipients.

Benefits for Canadians abroad

Information on Employment Insurance (EI), pensions, benefits and taxes, for those who work or live outside of Canada.

Retirement planning

Help you plan for retirement, including where your retirement income may come from, and what benefits you may be eligible for when you retire.

Allowance for the Survivor

Find out how to receive a benefit if you are a low-income widow and are not yet eligible for Old Age Security.

Survivor's Pension

Includes information on eligibility criteria, how to apply and amounts.

Contributors

- Employment and Social Development Canada
- Financial Consumer Agency

What we are doing

Laws and regulations

- Canada Pension Plan
- Canada Pension Plan Regulations
- Old Age Security Act
- Old Age Security Regulations

Publications

- The Canada Pension Plan Retirement Pension
- Canada Pension Plan Disability Benefits
- Reports: Public Pensions

Open data

- Open Data Portal – Canada Pension Plan and Old Age Security Statistics
- Maximum Pensionable Earnings and Canada Pension Plan (CPP) Amounts for 1997 to 2015

Statistics

- OAS (Old Age Security) and CPP (Canada Pension Plan) statistics

Features

When to take your CPP? It's your choice

Know your retirement planning options to make the best choice for you.

My Service Canada Account

Provides convenient and secure access to view and update your Employment Insurance, Canada Pension Plan, and Old Age Security information online.

The Canadian Retirement Income Calculator helps plan your future

Use the Canadian Retirement Income Calculator to decide when to start your Canada Pension Plan, then apply online!

Survivor's Pension：遺族定期給付金

Survivor's pension

The Canada Pension Plan (CPP) survivor's pension is paid to the person who, at the time of death, is the legal spouse or common-law partner of the deceased contributor.

If you are a separated legal spouse and the deceased had no common-law partner, you may qualify for this benefit.

❶▼ Note:

If you were under age 35 when your spouse or common-law partner died, you are not yet 65 and you are not receiving the CPP survivor's pension, you may now be eligible to begin receiving this pension due to changes in the eligibility rules. However, to receive the survivor's pension you will need to apply for it. Information on how to apply is below.

❶▼ Widowed more than once

If you are widowed more than once, only one survivor's pension – the larger – will be paid.

How much will I get?

Consult the table of current Canada Pension Plan (CPP) payment amounts.
The amount you receive as a surviving spouse or common-law partner will depend on:
- whether you are younger or older than age 65
- how much, and for how long, the deceased contributor has paid into the CPP

We first calculate the amount that the CPP retirement pension is, or would have been if the deceased had been age 65 at the time of death. Then, a further calculation is done based on the survivor's age at the time of the contributor's death.

Canada Pension Plan Survivor Benefits

If the survivor is:	Then the survivor's pension is:
age 65 or more	60 % of the contributor's retirement pension if the surviving spouse or common-law partner is not receiving other CPP (Canada Pension Plan) benefits
under age 65	a flat rate portion **plus** 37.5 % of the contributor's retirement pension, if the surviving spouse or common-law partner is not receiving other CPP (Canada Pension Plan) benefits

The enhancement will further increase the amount of the survivor's pension depending on how much and for long the deceased contributor paid into the enhancement.

When and how do I apply?

As the survivor, you are responsible for applying for your monthly pension. If you are incapable of applying, you may have a representative (such as a trustee) apply for you.
You should apply as soon as possible after the contributor's death. If you delay, you may lose benefits. The Canada Pension Plan can only make back payments for up to 12 months.

To apply, you must complete the Canada Pension Plan survivor's pension and children's benefits application form (ISP1300) and mail it to us.

When will my survivor's pension start?

The survivor's pension starts at the earliest the month after the contributor's death.
As soon as the Canada Pension Plan (CPP) has all the information and documentation, your application will be processed.

Will I lose my pension if I remarry?

No. Your pension will continue even if you remarry.

❶▼ Important notice: If you previously remarried

The rule was changed in 1987. If you previously lost a Canada Pension Plan survivor benefit because you remarried, contact Canada Pension Plan to find out if you are now eligible.

Can I combine the survivor's pension with the Canada Pension Plan retirement pension and other benefits?

If you already receive a Canada Pension Plan (CPP) retirement pension or disability pension, the survivor's pension will be combined with them into a single monthly payment.
Note the following restrictions to benefit amounts in the base CPP:
- The most that can be paid to a person eligible for both the disability pension and the survivor's pension is the maximum disability pension (which is more than the maximum survivor's pension).
- The most that can be paid to a person who is eligible for the retirement pension and the survivor's pension is the maximum retirement pension (which is more than the maximum survivor's pension).
- When combining multiple benefits with a flat－rate component, only one flat－rate (the largest) is provided (for example, the post－retirement disability benefit rather than the smaller flat－rate for a survivor under age 65).
- The total amount of combined CPP benefits paid is adjusted based on the survivor's age and other benefits received.

In other words, you cannot receive a full survivor's pension while also receiving a full retirement pension or disability pension. The combined benefit is not necessarily the sum of the two separate benefits.
Note: The enhancement portion of your survivor's pension or disability pension will be added to the amount of your combined benefit in the

base CPP. This portion is not subject to the above maximums.

Consult the table of current Canada Pension Plan (CPP) payment amounts.

I submitted my application. Now what?

It takes approximately 6 to 12 weeks to receive your first payment from the date Service Canada receives your completed application.

If more than 12 weeks have passed and you would like to find out the status of your application, contact Canada Pension Plan.

See our page What you need to know when receiving a Canada Pension Plan benefit.

What if I don't understand or don't agree with a decision?

You may request a reconsideration of any decision that affects your eligibility or the amount of your Canada Pension Plan benefit.

What is a spouse or a common-law partner?

A spouse is a person to whom you are legally married.

According to the Canada Pension Plan (CPP) legislation, a common-law partner is a person of either sex who has lived with you in a conjugal relationship for at least one year.

To prove that you are in a common-law relationship, or that you and your spouse lived in a common-law relationship prior to your marriage, you will need to fill out the Statutory Declaration of Common-law Union form – dual signatures (ISP3004CPP) or the Statutory Declaration of Common-law Union form – single signature (ISP3104CPP).

Guides and help

- Statutory Declaration of Common-law Union form – dual signatures (ISP3004CPP)
- Statutory Declaration of Common-law Union form – single signature (ISP3104CPP)

Related services and info

- Benefits payment calendar
- Death Benefit
- Canada Retirement Income Calculator
- My Service Canada Account
- Apply for Direct Deposit
- Update your personal information

Form Detail：書式の詳細

Form Detail

Details	
Number	ISP1300
Title	Application for CPP Survivor's pension and Child（ren's）Benefits
Purpose	Complete the application in this kit to apply for survivor's pension and/or children's benefits following the death of a Canada Pension Plan contributor. Forms included: Survivor's Pension Information Sheet and Application for Canada Pension Plan Survivor's Pension.
Group	Canada Pension Plan
Important Information Returning the Form	

Forms
This site uses PDF form technology. To print these high-quality PDF forms, you must have a PDF reader installed. If you do not already have such a reader, there are several available on the Internet: Adobe Reader and Foxit Reader The form（s）are available in the following formats.
Income Security Programs
Application for CPP Survivor's pension and Child（ren's）Benefits   **PDF**: ISP-1300, 558 KB, printed on 8 pages（8.5×11）
Information Sheet - How to apply for CPP Survivors pension and child（ren's）benefit   **PDF**: ISP-1300A, 631 KB, printed on 8 pages（8.5×11）
For more information, please consult the Forms Help page.

次の 2 点が重要です。

① 必要書類を添付して申請書を提出してください。

② 記入はペンを使用し，活字体ではっきり書いてください。

セクション A は死亡者（被相続人），セクション B は申請書記入者（生存配偶者又はコモンローパートナー），セクション C は被相続人の子，セクション D は年金受給申請者（セクション B の生存配偶者又はコモンローパートナーと異なる場合）について，それぞれ必要事項を記入します。

最後に，申請者の宣誓書及び立会人の宣誓書にそれぞれ署名します。

Application for a Canada Pension Plan
Survivor's pension and Child（ren's）Benefits：申請書

Application for a Canada Pension Plan Survivor's Pension and Child(ren)'s Benefits

It is very important that you:
- send in this form with supporting documents
  （see the information sheet for the documents we need）; **and**
- use a **pen** and **print** as clearly as possible.

Section A – Information about your deceased spouse or common-law partner（The deceased contributor）

1A. Social Insurance Number	**1B.** Date of birth YYYY-MM-DD	**1C.** Country of birth（If born in Canada, indicate province or territory）	**FOR OFFICE USE ONLY**
			AGE ESTABLISHED
2 Date of death（*See the information sheet for a list of acceptable proof of date of death documents*）		YYYY-MM-DD	DATE OF DEATH ESTABLISHED

3. Marital status at the time of death
（*See the information sheet for important information about marital status*）
○ Single   ○ Married   ○ Separated   ○ Common-Law
○ Surviving spouse or common-law partner   ○ Divorced

108

4A.	**Optional** ○ Mr.　○ Mrs. ○ Ms.　○ Miss	Usual first name and initial	Last name
4B.	Full name at birth, if different from 4A.	First name and initial	Last name
4C.	Name on social insurance card, if different from 4A.	First name and initial	Last name

5. Home address at the time of death (No., Street, Apt., R.R.)　City

Province or territory	Country other than Canada	Postal code

If the address shown above is outside of Canada, indicate the province or territory in which the deceased last resided.

6. Did your deceased spouse or common-law partner ever live or work in another country?

○ Yes　　○ No

If yes, indicate the names of the countries and the insurance numbers. (If you need more space, use the space provided on page 6 of this application) Also, indicate whether a benefit has been requested.

	Country	Insurance Number	Has a benefit been requested?
a)			○ Yes　　○ No
b)			○ Yes　　○ No
c)			○ Yes　　○ No

Service Canada delivers Employment and Social Development Canada programs and services for the Government of Canada

Section B - Information about you (The surviving spouse or common-law partner)

7A. Social Insurance Number	**7B.** Date of birth YYYY- MM-DD	**7C.** Country of birth (If born in Canada, indicate province or territory)	**FOR OFFICE USE ONLY** AGE ESTABLISHED

Your Language Preference	8A. Written communications (Check one) ○ English ○ French	8B. Verbal communications (Check one) ○ English ○ French

9A. Optional
○ Mr. ○ Mrs.
○ Ms. ○ Miss

Usual first name and initial   Last name

9B. Full name at birth, if different from 4A.

First name and initial   Last name

9C. Name on social insurance card, if different from 4A.

First name and initial   Last name

10. Mailing address (No., Street, Apt., P.O. Box, R.R.)   City

Province or territory   Country other than Canada   Postal code

Telephone number(s)	**11A.** Area code and telephone number at home	**11B.** Area code and telephone number at work (if applicable)

12. Home address, if different from mailing address (No., Street, Apt., R.R.)   City

Province or territory   Country other than Canada   Postal code

13A. Are you receiving or have you ever applied for a benefit under the:
Canada Pension Plan?   Old Age Security?   Régime de rentes du Québec?
(Quebec Pension Plan)

○ Yes   ○ No   ○ Yes   ○ No   ○ Yes   ○ No

13B. If you answered yes to any of the above, provide the Social Insurance Number or account number under which you applied.

14A. Were you married to the deceased?
○ Yes ○ No **If yes**, date of marriage   YYYY-MM-DD
(*Please submit your marriage certificate*)

14B. Were you still married at the time of your spouse's death?
○ Yes   ○ No

14C. Were you still living together at the time of your spouse's death?
○ Yes   ○ No

| FOR OFFICE USE ONLY | MARRIAGE ESTABLISHED |

15A. If you were the common-law partner of the deceased, when did you start living together?
YYYY-MM-DD _____

15B. Were you still living together at the time of your common-law partner's death?
○ Yes   ○ No
If yes and you were the common-law partner of the deceased, please obtain and complete the form titled "Statutory Declaration of Common-law Union" and return it with this application.

| **FOR OFFICE USE ONLY** | COMMON-LAW ESTABLISHED |

16. Payment Information
Direct deposit in Canada: Complete the boxes below with <u>your</u> banking information.

Branch number (5 digits)   Institution number (3 digits)   Account number (maximum of 12 digits)

_____   _____   _____

Name(s) on the account   Telephone number of your financial institution

_____   _____

Sharing your direct deposit information with the Canada Revenue Agency
For Employment and Social Development Canada (ESDC) and the Canada Revenue Agency (CRA) to share your personal and direct deposit information, your consent is required.
By selecting "I agree", you agree with these two statements:
  - I consent to ESDC sharing with the CRA my direct deposit information entered on this form for any payments I may receive from the CRA.
  - I consent to ESDC sharing with the CRA my Social Insurance Number, last name, and date of birth so that the CRA can identify me correctly.
If you select "I do not agree", your information will not be shared.
○ I agree   ○ I do not agree

Direct deposit outside Canada:
For direct deposit outside Canada, please contact us at 1-800-277-9914 from the United States and at 613-957-1954 from all other countries (collect calls accepted). The form and a list of countries where direct deposit service is available can be found at **www.directdeposit.gc.ca.**

---

17. Voluntary Income Tax Deduction
This service is available to Canadian residents only.
Your Canada Pension Plan benefit is taxable income. If we approve your application, would you like us to deduct **federal income tax** from your monthly payment? (*See the information sheet for more information*)
○ Yes   ○ No
If yes, indicate the dollar amount or percentage you want us to deduct each month.

Federal Income Tax   Federal Income Tax
$ _____   _____ %

Section C - Information about the child (ren) of the deceased

18. Do you have any children **under the age of 18**?
○ Yes   ○ No   **If yes**, please provide the following information.

a) Child's usual first name and initial   Last name

Sex Optional ○ Male ○ Female	Date of birth (YYYY-MM-DD)	Social Insurance Number

Is the child in your care and custody since birth?
○ Yes   ○ No
If no, please indicate since when: YYYY-MM-DD _____

Is the child still in your care and custody?
○ Yes   ○ No   **If no**, please provide a letter of explanation.

Is the child a:
○ child of your deceased spouse or common-law partner
○ legally adopted child of your deceased spouse or common-law partner
○ other (Explain circumstances in the space provided on page 6 of this application)

FOR OFFICE USE ONLY	AGE ESTABLISHED

b) Child's usual first name and initial   Last name

Sex Optional ○ Male ○ Female	Date of birth (YYYY-MM-DD)	Social Insurance Number

Is the child in your care and custody since birth?
○ Yes   ○ No
If no, please indicate since when: YYYY-MM-DD   _____

Is the child still in your care and custody?
○ Yes   ○ No   **If no**, please provide a letter of explanation.

Is the child a:
○ child of your deceased spouse or common-law partner
○ legally adopted child of your deceased spouse or common-law partner
○ other (Explain circumstances in the space provided on page 6 of this application)

FOR OFFICE USE ONLY	AGE ESTABLISHED

19. Do you have any children **between the ages of 18 and 25** attending school, college or university full-time?
○ Yes   ○ No
If yes, please provide the following information.

a) Child's usual first name and initial   Last name   Date of birth (YYYY-MM-DD)

Mailing address (No., Street, Apt., P.O. Box, R.R.)   City

Province or territory	Country other than Canada	Postal code

b) Child's usual first name and initial   Last name   Date of birth (YYYY-MM-DD)

Mailing address (No., Street, Apt., P.O. Box, R.R.)   City

Province or territory	Country other than Canada	Postal code

20. Are any of the children named in questions 19 and 20 receiving or have they applied for a benefit under:
a) the Canada Pension Plan?　　○ Yes　　○ No
b) Régime de rentes du Québec? (Quebec Pension Plan)
　　○ Yes　　○ No

If yes, to either or both, indicate the name of the child (ren) and the Social Insurance Number under which benefits are being received or have been applied for.

Child's usual first name and initial	Social Insurance Number

21. Have you been wholly or substantially maintaining all of the children listed in questions 19 and 20, since the death of your spouse or common-law partner?
　　○　Yes　　○　No **If no**, please explain on page 6 of this application.

Section D - Information about the applicant

(If not the surviving spouse or common-law partner named in Section B)

22.　Social Insurance Number

Your Language Preference	**23A**. Written communications (Check one) ○ English　○ French	**23B**. Verbal communications (Check one) ○ English　○ French

24.　Optional　　　　　　　Usual first name and initial　　　Last name
　　○　Mr.　　○　Mrs.
　　○　Ms.　　○　Miss

25.　Mailing address (No., Street, Apt., P.O. Box, R.R.)　　City

Province or territory　　Country other than Canada	Postal code

Telephone number (s)

26A.　Area code and telephone number at home

26B. Area code and telephone number at work (if applicable)

Please explain on a separate sheet of paper why you are making this application

Applicant's declaration

I hereby apply for a Survivor's Pension and/or child(ren)'s benefits under the provisions of the Canada Pension Plan. I declare that, to the best of my knowledge, the information on this application is true and complete. The personal information you provide is collected under the authority of the *Canada Pension Plan* (CPP) and will be used to determine your eligibility and entitlement. The Social Insurance Number (SIN) is collected under the authority of section 52 of the *CPP Regulations*, and in accordance with the Treasury Board Secretariat Directive on the SIN which lists the CPP as an authorized user of the SIN. The SIN will be used as a file identifier and to ensure an individual's exact identification so that contributory earnings can be correctly applied to your record to allow for benefits and entitlements to be accurately calculated.

Submitting this application is voluntary. However, if you refuse to provide your personal information, the Department of Employment and Social Development Canada (ESDC) will be unable to process your application. The personal information you provide may be shared within ESDC, with any federal institution, provincial authority or public body created under provincial law which the Minister of ESDC may have entered into an agreement and/or with non-governmental third parties for the purpose of administering the CPP, other acts of Parliament and federal or provincial law. As well, the personal information you provide may be used and/or disclosed for policy analysis, statistical, research, and/or evaluation purposes. However, these additional uses and/or disclosures of your personal information will never result in an administrative decision being made. The personal information may be shared with the government of other countries in accordance with agreements for the reciprocal administration or operation of the foreign pension program and of the CPP and *Old Age Security Act*. Your personal information is administered in accordance with the *Department of Employment and Social Development Act*, the CPP, the *Privacy Act*, and other applicable laws. You have the right to the protection of, access to, and correction of your personal information, which is described in Personal Information Bank ESDC PPU 146. You can ask to see your file by contacting a Service Canada office. Instructions for requesting personal information are provided in the government publication entitled *Info Source*, which is available at the following web site address: **Canada.ca/infosource–ESDC** *Info Source* may also be accessed online at any Service Canada Centre.

You have the right to file a complaint with the Privacy Commissioner of Canada regarding the institution's handling of your personal information at: **www.priv.gc.ca/en/report–a–concern/file–a–formal–privacy complaint/** or by calling 1–800–282–1376.

Note: If you make a false or misleading statement, you may be subject to an administrative monetary penalty and interest, if any, under the *Canada Pension Plan*, or may be charged with an offence. Any benefits you received or obtained to which there was no entitlement would have to be repaid.

Applicant's signature	**Date** (YYYY–MM–DD)
X_____	_____

Note: We can only accept a signature with a mark (e.g. X) if a responsible person witnesses it.
That person must also complete the declaration below.

Witness's declaration

If the applicant signs with a mark, a witness (friend, member of family, etc.) must complete this section.
I have read the contents of this application to the applicant, who appeared to fully understand and who made his or her mark in my presence.

Name	Relationship to applicant	Telephone number
Address	Witness's signatur X	**Date** (YYYY–MM–DD)
FOR OFFICE USE ONLY		

Application taken by: Telephone Number
(Please print name and phone number)

Application approved pursuant to the Canada Pension Plan.

Effective Date   _____   _____
                        (month)   (year)

Authorized Signature

Date

Social Insurance Number: PROTECTED B (when completed)

Use this space, if needed, to provide us with more information. Please indicate the question number concerned for each answer given. If you need more space, use a separate sheet of paper and attach it to this application.

Service Canada Offices
Canada Pension Plan

Mail your forms to:
The nearest Service Canada office listed below.
From outside of Canada: The Service Canada office in the **province where you last resided**.

Need help completing the forms?
Canada or the United States: **1‑800‑277‑9914**
All other countries: **613‑957‑1954** (we accept collect calls)
TTY: **1‑800‑255‑4786**
Important: Please have your social insurance number ready when you call.

NEWFOUNDLAND AND LABRADOR
Service Canada
PO Box 9430 Station A
St. John's NL A1A 2Y5
CANADA

PRINCE EDWARD ISLAND
Service Canada
PO Box 8000 Station Central
Charlottetown PE C1A 8K1
CANADA

NOVA SCOTIA
Service Canada
PO Box 1687 Station Central
Halifax NS B3J 3J4
CANADA

NEW BRUNSWICK AND QUEBEC
Service Canada
PO Box 250
Fredericton NB
E3B 4Z6
CANADA

ONTARIO
For postal codes beginning with "L, M or N"
Service Canada
PO Box 5100 Station D
Scarborough ON M1R 5C8
CANADA

ONTARIO
For postal codes beginning with "K or P"
Service Canada
PO Box 2013 Station Main
Timmins ON P4N 8C8
CANADA

MANITOBA AND SASKATCHEWAN
Service Canada
PO Box 818 Station Main
Winnipeg MB R3C 2N4
CANADA

ALBERTA / NORTHWEST TERRITORIES AND NUNAVUT
Service Canada
PO Box 818 Station Main
Winnipeg MB R3C 2N4
CANADA

BRITISH COLUMBIA AND YUKON
Service Canada
PO Box 1177 Station CSC
Victoria BC V8W 2V2
CANADA

※書類の送付先一覧です。

2 遺族年金（Survivor's Pension）の申請

カナダ政府機関宛てに次の書類を郵送しました。

① 遺族年金（Survivor's Pension）の申請書

② 死亡証明書

③ 全部事項証明書，英訳文，翻訳証明書

遺族年金（Survivor's Pension）の支給願い

Nagano Prefecture
▮▮▮▮▮▮ Japan
▮▮▮▮▮▮, 20▮▮

Service Canada
Canada Pension Plan

Dear Sir/Madam,

My husband had received taxable Canada Pension Plan benefits.
But he died on ▮▮▮▮▮▮, 20▮▮▮▮. At the time of his death, I was the legal spouse.
Therefore, I would like to apply for the Canada Pension Plan Survivor's Pension.
My Social Insurance Number is ▮▮▮▮▮▮

I enclose documents which are required to provide.
   · Application for a Canada Pension Plan Survivor's pension and Child(ren's) Benefits
   · Death certificate of the deceased
   · Marriage certificate, Translation and Certificate of Translation

Yours sincerely,

████████

	(1-1)	Certificate of all matters

Permanent domicile Name	████████, ████████, Nagano ████████
Matters of Family registrationTransfer	【Date of transfer】████████, 20██ 【Former permanent domicile】████████
Person who is recorded in family registration	【Name】████████ 【Date of birth】████████ 【Father】████████ 【Mother】████████ 【Family Relationship】████████ 【Foster mother】████████ 【Family relationship】████████
Matters of identification Birth	【Date of birth】████████ 【Place of birth】████████ 【Date of notification】████████ 【Person who notified】Father 【Date of receipt】████████ 【Person who received】████████
Adoption	【Date of adoption】████████ 【Name of foster mother】████████ 【Former family registration】████████ ████████ ████████
Marriage	【Date of marriage】████████ 【Name of spouse】████████ 【Nationality of spouse】United Kingdom 【Date of birth of spouse】████████, 19██ 【Date of notification】████████ 【Person who received】████████ ████████

| Date of spouse | 【Date of death of spouse】 ███████, 20██ |
| | 【Date of record】 ███████, 20██ |

3 遺族年金（Survivor's Pension）の支給決定

　カナダ政府機関から次のような遺族年金支給を認める旨の通知が届きました。

遺族年金（Survivor's Pension）の支給決定通知

Service Canada
HQ-BC DUALS
OTTAWA ON K1A 0L1
CANADA

PROTECTED B（when completed）

Client Identification Number:
████████

Client Name:
████████

Date: 20██-██-██

00000G33

Effective Date：
20██-█

████████　　NAGANO-KEN

Total monthly amount:
$██████

JAPAN

Retroactive Amount（if applicable）:
$██████

Your application for a Canada Pension Plan（CPP）survivor's pension or children's benefit(s) has been approved
Please accept our sympathy on your loss. If you requested direct deposit, your monthly payment will be made directly into your bank account in the near future. If you did not request direct deposit, your monthly payment will arrive at your home address by mail during the last three business days of the month.
Amount of your survivor's pension（if applicable）
Your total monthly amount is shown above. This amount may include a retirement pension, any previously earned post-retirement benefits, a disability pension and any children's benefits, if applicable.
Amount of your children's benefits（if applicable）
You will receive the following monthly children's benefit:

First Name	Date of Birth (YYYY/ MM)	Amount of Monthly Benefit	First Name	Date of Birth (YYYY/ MM)	Amount of Monthly Benefi

Retroactivity

The amount of the first payment you receive may be different from the payment you will receive on a regular monthly basis. This is because your first payment may include retroactive amounts to which you are entitled.

Some important facts

Calculating the amount of your survivor's pension

We calculate the amount by taking into consideration the following factors related to the deceased CPP contributor's account:

1) the number of years worked and those years not worked:

2) the amount paid into the CPP through your income tax or payroll deductions (CPP contributions) based on the amount of employment and/or self-employment income earned:

3) time spent staying at home to care for children under the age of seven (born after December 31, 1958).

If the deceased contributor lived or worked in Quebec, we also consider any amount paid into the Quebec Pension Plan.

The amount of your pension may need to be adjusted

Once we receive official confirmation of the deceased contributor's final employment or self-employment earnings and CPP contributions from the Canada Revenue Agency (CRA), the amount of your monthly pension may need to be adjusted. Any underpayment will be paid to you and any overpayment will need to be recovered. We will contact you in advance if this situation applies to you.

If you disagree with a decision

You can request a reconsideration of any decision made on your application. For example:

- the amount of the payment, or
- the date the payment begins.

To request a reconsideration of our decision, you must write to Service Canada within 90 days of receiving this letter. In your written request, please include the following information:

- your name, address, telephone number, and Client Identification Number, and
- the reason why you are asking for a reconsideration of the decision.

Please send your request to the return address listed at the beginning of this letter.

Changes in your situation may affect your survivor's pension

It is important to notify Service Canada immediately of any changes in your circumstances. By doing so, you may avoid an overpayment of benefits that would need to be recovered.

Service Canada must be notified:

- of a change of mailing address, telephone number, or bank account for direct deposit.

Also, you may wish to make arrangements to have someone notify Service Canada in the event of your death to avoid an overpayment situation for your estate.

You must also notify Service Canada if:

- you become disabled or cease to be disabled:
- you are under age 45 and your disabled child over age 18 is no longer disabled;
- you are under age 45 and your child under age 18 is no longer in your care and control;
- you are under age 45 and your child under age 18 is legally adopted by someone other than you;
- you are under age 45 and your child dies.

If you contributed to the CPP, you may apply for a retirement pension as early as age 60. If your application is approved, your total benefit amount from both pensions will be recalculated.

The CPP requires a recalculation of the survivor's pension when a recipient reaches age 65. This will be done automatically.

NOTE : If you make a false or misleading statement, you may be subject to an administrative monetary penalty and interest, if any, under the *Canada Pension Plan,* or may be charged with an offence. Any benefits you received or obtained to which there was no entitlement would have to be repaid.

Children's Benefits

You must notify Service Canada if you are receiving a benefit on behalf

of a child **under age 18** and any of the following circumstances occur:
- the child ceases to be wholly or substantially maintained by you;
- the child ceases to remain in your custody and control;
- the contributor's child is adopted by someone other than you;
- the child dies.

You must notify Service Canada if you are a **child between the ages of 18 and 25** and you cease to attend school or university full-time.

Benefit payments will be suspended at the end of the normal vacation period. Payments may be reinstated when you return so school or university and submit the required declaration.

Online Services

Service Canada's online services are easy to use and keep your information secure. You can view and update your personal account information anytime. For example, if you move. you can change your address or your direct deposit information online.

Informaion slips (T4A (P); NR4) will be issued to you for tax purposes before February 28 of each year. You can, however, access your tax slips online through My Service Canada Account as early as the beginning of February. Your tax slips will show the amount of your pension for the year in which you received them.

To see the full range of online services available, or if you would like to know more about the Canada Pension Plan and/or Old Age Security Program, please visit us at: **www.servicecanada.gc.ca**.

Contact Information

If you have any questions or would like to report changes in your situation, you can visit our Internet site at **servicecanada.gc.ca**. To reach us by telephone in Canada or the United States call:

English   1 800 277-9914
French   1 800 277-9915
TTY   1 800 255-4786

Keep a copy of this letter for your records

4　遺族年金（Death Benefit）の申請を促す，カナダ政府機関からの通知

　遺族年金（Survivor's Pension）の受給申請をした後に，カナダ政府機関から，Death benefit（一時金）の申請を促す次のような通知が届きました。

遺族年金（Death benefit）の申請を促す，カナダ政府機関からの通知

Service Canada
National Benefits
National Information and Benefit Services
333 NORTH RIVER ROAD
OTTAWA ON K1A 0L1

| Client Identification Number |
| ▇▇▇▇▇ |

Mrs. ▇▇▇▇▇▇
▇▇▇▇▇▇▇
▇▇▇▇▇▇
Nagano-Ken
▇▇▇▇▇ Japan

▇▇▇▇▇, 20▇▇
-IMPORTANT-
PLEASE RETAIN THIS LETTER
FOR YOUR RECORDS

Dear Mrs. ▇▇▇▇▇,
This letter concerns Canada Pension Plan benefits.
Our records show that you may qualify for a death benefit following the death of your husband Mr. ▇▇▇▇▇ but you have not yet applied.
If you wish to apply for the benefits, please complete the enclosed application form and return it with the required documents in the envelope we have provided.

If you have any questions
If you have any questions, you can call us free of charge from Canada and the United States. You can also write to us. Our address and telephone numbers are shown below. When you contact us, please give us the following Client Identification Number: ▇▇▇▇▇
To learn more about the Canada Pension Plan, Old Age Security program, and our online services, please visits our Web site at: www.servicecanada.gc.ca

Yours truly,

▇▇▇▇▇
Benefits Officer
Service Canada
National Benefits
National Information and Benefit Services
333 NORTH RIVER ROAD
OTTAWA ON K1A 0L1

TELEPHONE NUMBERS

In Canada and the United States, call:
English　　1-800-277-9914
French　　1-800-277-9915
Teletypewriter (TTY) Users Only　1-800-255-4786
If outside Canada and the United States,
call collect:　　613-957-1954

125

5 遺族年金（Death Benefit）受給方法の検索

遺族年金（Death Benefit）の受給方法について，カナダ政府機関（Service Canada）のウェブサイトでは次のように検索します。

---

① Service Canada

    → Canada Pension Plan (CPP) and Old Age Security (OAS)

② Public pensions

    → Canada Pension Plan retirement pension

③ CPP retirement pension: Overview

    → You may also qualify for other CPP benefits

    → Death benefit

    → Apply

④ Form Detail

    → Application for a Canada Pension Plan Death Benefit (ISP 1200)

CPP retirement pension: Overview：退職年金の概要

CPP retirement pension: Overview

From: Employment and Social Development Canada

⚠ COVID-19

Due to the coronavirus disease (COVID-19) outbreak, there are changes to this program.
- Consult the changes to the Canada Pension Plan
- Consult the Canada Economic Response Plan

1. Overview
2. Do you qualify
3. When to start your retirement pension

---

4. How much you could receive
5. Apply
6. After you apply
7. Other CPP benefits

The Canada Pension Plan (CPP) retirement pension is a monthly, taxable benefit that replaces part of your income when you retire. If you qualify, you'll receive the CPP retirement pension for the rest of your life. To qualify you must:
  · be at least 60 years old
  · have made at least one valid contribution to the CPP
Valid contributions can be either from work you did in Canada, or as the result of receiving credits from a former spouse or former common-law partner at the end of the relationship.

You must apply

CPP payments are not automatic. You must apply. You should apply in advance of when you want your pension to start.
Our goal is to pay your CPP retirement pension in the month of the start date you choose.

Pension amount

The amount you receive each month is based on your average earnings throughout your working life, your contributions to the CPP, and the age you decide to start your CPP retirement pension. Your contributions to the CPP are based on your earnings.
The standard age to start the pension is 65. However, you can start receiving it as early as age 60 or as late as age 70.
If you start receiving your pension earlier, the monthly amount you'll receive will be smaller. If you decide to start later, you'll receive a larger monthly amount. There's no benefit to wait after age 70 to start receiving the pension. The maximum monthly amount you can receive is reached when you turn 70.
For 2019, the maximum monthly amount you could receive as a new recipient starting the pension at age 65 is ＄1,154.58. The average monthly amount is ＄679.16. Your situation will determine how much you'll receive up to the maximum.
There are different factors that can affect how much you'll receive, such as time taken off from work to care for young children. Find out more about how much you could receive. You can also work while receiving a CPP retirement pension.

How long will it take to process your application

We begin to process your application once we receive your completed application form. It will take:
- 7 to 14 days for online applications
- normally within 120 days for applications delivered at a Service Canada Centre
- normally within 120 days for applications sent by mail

It could take longer to process your application if Service Canada does not have a complete application.

You may also qualify for other CPP benefits

In addition to the CPP retirement pension, you may also quality for other CPP benefits listed below. Like the CPP retirement pension, you will need to apply for these benefits (except for the Post-retirement benefit if you already receive the CPP retirement pension).
- Post-retirement benefit
- Disability pension
- Post-retirement disability benefit
- Survivor's pension
- Children's benefit
- Death benefit

CPP enhancement

Starting in 2019, the CPP will gradually increase due to the CPP enhancement. The enhancement works as a top-up to the base, or original CPP, and will mean higher benefits in retirement in exchange for making higher CPP contributions. The CPP enhancement will only affect you if you work and make contributions to the CPP as of January 1, 2019.

The CPP enhancement will increase the CPP retirement pension, post-retirement benefit, disability pension and survivor's pension you could receive. There's no change to qualifying for CPP benefits.

Frequently asked questions

▶ What is the CPP?
▶ How much is CPP at 60?
▶ How much do you get from CPP?
▶ What is the maximum CPP for 2020?
▶ How many years do you need to work to get CPP?
▶ Who is eligible for the Canada Pension Plan?

▶ How do I apply for my Canada Pension?
▶ Should I take my Canada pension at 60 or 65?
▶ When should I apply for CPP benefits?
▶ How long does it take to receive CPP after applying?

│ Death benefit：遺族年金（一時金）

Death Benefit

The Canada Pension Plan (CPP) death benefit is a one-time, lump-sum payment to the estate on behalf of a deceased CPP (Canada Pension Plan) contributor.

If an estate exists, the executor named in the will or the administrator named by the Court to administer the estate applies for the death benefit. The executor should apply for the benefit within 60 days of the date of death.

If no estate exists or if the executor has not applied for the death benefit, payment may be made to other persons who apply for the benefit in the following order of priority:

- the person or institution that has paid for or that is responsible for paying for the funeral expenses of the deceased;
- the surviving spouse or common-law partner of the deceased; or
- the next-of-kin of the deceased.

Eligibility

For us to pay the death benefit, the deceased must have made contributions to the Canada Pension Plan (CPP) for at least:

- one-third of the calendar years in their contributory period for the base CPP, but no less than 3 calendar years; or
- 10 calendar years.

Learn more about contributions to the CPP (Canada Pension Plan).

The international social security agreements that Canada has with other countries may be used to satisfy these requirements. See lived or living outside Canada.

How much could you receive?

As of January 1, 2019, the amount of the death benefit for all eligible contributors is a flat rate of $2,500.

What if the deceased worked or lived in Quebec?

The CPP operates throughout Canada except in Quebec, where Retraite Québec provides similar benefits under the Quebec Pension Plan (QPP). A person may contribute to both the CPP (Canada Pension Plan) and the QPP (Quebec Pension Plan), which work together to ensure that all contributors are protected no matter where they live.

To calculate the amount of the benefits, we combine the contributions made under both plans.

Contact Retraite Québec if at the time of death, one of these conditions also applies:
- the deceased lived outside Canada and the last province of residence was Quebec; or
- the deceased lived in Quebec at the time of death.

Apply

To apply, you must complete the Application for a Canada Pension Plan Death Benefit (ISP1200), include certified true copies of the required documentation, and mail it to the closest Service Canada Centre to you. Addresses are provided on the form.

After you have applied

Payment from Service Canada takes approximately 6 to 12 weeks from the date we receive your completed application.

If more than 12 weeks have passed and you have not received payment from Service Canada, please contact us at 1-800-277-9914 (TTY: 1-800-255-4786). Agents are available to assist you from 8:30 a.m. to 4:30 p.m. local time. (9:00 a.m. to 5:00 p.m. for Newfoundland and Labrador).

What if I don't understand or don't agree with a decision?

For any decision we make that affects your eligibility or the amount of your Canada Pension Plan benefit, you may ask us for a reconsideration of that decision.

Related topics

- OAS and CPP payment dates
- Apply for CPP retirement pension
- Apply for OAS pension
- My Service Canada Account
- Living with a disability

・Following a death
・Canada.ca／Seniors

Form Detail：書式の詳細

Form Detail

Details	
Number	ISP1200
Title	Canada Pension Plan Death Benefit, Application Kit
Purpose	Complete the application in this kit to apply for a lump−sum death benefit following the death of a Canada Pension Plan contributor. Forms included: Death Benefit Information Sheet and Death Benefit Application Form.
Group	Canada Pension Plan

Important Information
Returning the Form

Forms
This site uses PDF form technology. To print these high−quality PDF forms, you must have a PDF reader installed. If you do not already have such a reader, there are several available on the Internet: Adobe Reader and Foxit Reader The form（s）are available in the following formats.
Income Security Programs
Application for CPP Death Benefit **PDF**: ISP−1200, 287 KB, printed on 5 pages（8.5×11）
Information Sheet −How to apply for the CPP Death benefit **PDF**: ISP−1200A, 249 KB, printed on 5 pages（8.5×11）

For more information, please consult the Forms Help page.

Search criteria

To find a form quickly, please enter the number or name of the form and select Search.

Search

遺族年金の申請書についても，次の2点が重要です。

① 必要書類を添付して申請書を提出してください。

② 記入はペンを使用し，活字体ではっきり書いてください。

セクションAは死亡者（被相続人），セクションBは不動産の贈与，セクションCは年金受給申請者について，それぞれ必要事項を記入します。セクションBでは遺言書の有無についての質問があります。セクションDは申請者の宣誓書，セクションEは立会人の宣誓書です。

Application for a Canada Pension Plan Death Benefit：申請書

Application for a Canada Pension Plan Death Benefit

It is very important that you:
- send in this form with supporting documents
   （see the information sheet for the documents we need）; **and**
- use a **pen** and **print** as clearly as possible.

SECTION A – INFORMATION ABOUT THE DECEASED

1A. Social Insurance Number	**1B.** Date of birth YYYY-MM-DD	**1C.** Country of birth (If born in Canada, indicate province or territory)	FOR OFFICE USE ONLY
			AGE ESTABLISHED

2	**Date of death** (*See the information sheet for a list of acceptable proof of date of death documents*)	YYYY-MM-DD	DATE OF DEATH ESTABLISHED

3. Marital status at the time of death
(*See the information sheet for important information about marital status*)
○ Single   ○ Married   ○ Separated   ○ Common-Law
○ Divorced   ○ Surviving spouse or common-law partner

4A.	**Optional** ○ Mr. ○ Mrs. ○ Ms. ○ Miss	Usual first name and initial	Last name
4B.	Full name at birth, if different from 4A.	First name and initial	Last name
4C.	Name on social insurance card, if different from 4A.	First name and initial	Last name

5. Home address at the time of death (No., Street, Apt., R.R.)   City, Town or Village

Province or territory	Country other than Canada	Postal code

6A. If the address shown above is outside of Canada, indicate the province or territory in which the deceased last resided.

6B. In which year did the deceased leave Canada?

7. Did the deceased ever live or work in another country?
○ Yes   ○ No
If yes, indicate the names of the countries and the insurance numbers. (If you need more space, use the space provided on page 6 of this application) Also, indicate whether a benefit has been requested.

	Country	Insurance Number	Has a benefit been requested?
a)			○ Yes ○ No
b)			○ Yes ○ No
c)			○ Yes ○ No

8A. Did the deceased ever receive or apply for a benefit under the:

Canada Pension Plan?   Old Age Security?   Régime de rentes du Québec?
(Quebec Pension Plan)

○ Yes   ○ No   ○ Yes   ○ No   ○ Yes   ○ No

8D. If yes to any of the above, provide the Social Insurance Number or account number.

9. Was the deceased or the deceased's spouse eligible to receive Family Allowances or was the deceased, the deceased's spouse or the common-law partner eligible to receive the Child Tax Benefit for any children born **after December 31, 1958**?

Deceased contributor   Deceased's spouse or common-law partner
○ Yes   ○ No   ○ Yes   ○ No

SECTION B – INFORMATION ABOUT THE SETTLEMENT OF THE ESTATE
(See "Who should apply for the Death benefit" on the information sheet)

10. Is there a will?
○ Yes   Please provide the name and address of the executor in number 11 and go to section C.
○ No   Go to number 12.

FOR OFFICE USE ONLY	The Estate of

11. Optional   First Name and Initial   Last name
○ Mr.   ○ Mrs.
○ Ms.   ○ Miss

Mailing Address (No., Street, Apt., P.O. Box, R.R.)   City, Town or Village

Province or territory   Country other than Canada   Postal code

12. There is no will and I am applying for the Death benefit as:
○ an administrator appointed by the court (**Please give your name and address in number 11**)

○ the person responsible for the funeral expenses (**You must submit the funeral contract or funeral receipts with your application.**)

○ the spouse or common-law partner of the deceased

○ the next-of-kin (Please specify your relationship)

_____

○ other (Please specify)

_____

SECTION C - INFORMATION ABOUT THE APPLICANT

13. **Optional** ○ Mr. ○ Mrs. ○ Ms. ○ Miss	First Name and Initial	Last name
14. Relationship of applicant to the deceased		

Your Language Preference	Written communications (Check one) ○ English ○ French	Verbal communications (Check one) ○ English ○ French
FOR OFFICE USE ONLY	The Estate of	

Mailing Address (No., Street, Apt., P.O. Box, R.R.) City, Town or Village		
Province or territory	Country other than Canada	Postal code

SECTION D - APPLICANT'S DECLARATION

I hereby apply on behalf of the estate of the deceased contributor for a Death benefit. I declare that, to the best of my knowledge, the information given in this application is true and complete

NOTE: If you make a false or misleading statement, you may be subject to an administrative monetary penalty and interest, if any, under the *Canada Pension Plan*, or may be charged with an offence. Any benefits you received or obtained to which there was no entitlement would have to be repaid.

Applicant's signature **Date** (YYYY-MM-DD)

X _____ _____

Telephone number _____

NOTE: We can only accept a signature with a mark (e.g. X) if a responsible person witnesses it.
That person must also complete the declaration below.

SECTION E – WITNESS'S DECLARATION

If the applicant signs with a mark, a witness (friend, member of family, etc.) must complete this section. I have read the contents of this application to the applicant, who appeared to fully understand and who made his or her mark in my presence.

Name	Relationship to the applicant	
Address (No., Street, Apt., P.O. Box, R.R.)	City, Town or Village	
Province or Territory	Country other than Canada	Postal Code
Telephone number during the day	Witness's signature	**Date** (YYYY-MM-DD)
	X	

SC ISP-1200 (2018-12-19) E

Service Canada Offices
Canada Pension Plan

Mail your forms to:
The nearest Service Canada office listed below.
From outside of Canada: The Service Canada office in the **province where you last resided**.

Need help completing the forms?
Canada or the United States: **1-800-277-9914**
All other countries: **613-957-1954** (we accept collect calls)
TTY: **1-800-255-4786**
Important: Please have your social insurance number ready when you call.

NEWFOUNDLAND AND LABRADOR
Service Canada
PO Box 9430 Station A
St. John's NL A1A 2Y5
CANADA

NOVA SCOTIA
Service Canada
PO Box 1687 Station Central
Halifax NS　　B3J 3J4
CANADA

NEW BRUNSWICK AND QUEBEC
Service Canada
PO Box 250
Fredericton NB　　E3B 4Z6
CANADA

ONTARIO
For postal codes beginning with "L, M or N"
Service Canada
PO Box 5100 Station D
Scarborough ON　　M1R 5C8
CANADA

ONTARIO
For postal codes beginning with "K or P"
Service Canada
PO Box 2013 Station Main
Timmins ON　　P4N 8C8
CANADA

PRINCE EDWARD ISLAND
Service Canada
PO Box 8000 Station Central
Charlottetown PE　　C1A 8K1
CANADA

MANITOBA AND SASKATCHEWAN
Service Canada
PO Box 818 Station Main
Winnipeg MB　　R3C 2N4
CANADA

**ALBERTA/NORTHWEST
TERRITORIES AND NUNAVUT**
Service Canada
PO Box 818 Station Main
Winnipeg MB　　R3C 2N4
CANADA

BRITISH COLUMBIA AND YUKON
Service Canada
PO Box 1177 Station CSC
Victoria BC　　V8W 2V2
CANADA

※書類の送付先一覧です。

6　遺族年金（Death Benefit）の申請

　遺族年金（Death Benefit）の受給申請書，COVER PAGE をカナダ政府機関
宛てに郵送しました。

遺族年金の受給申請書

Nagano Prefecture
Japan
, 20

Service Canada
National Benefits
National Information and Benefit Services

Dear Ms. ,
My husband had received taxable Canada Pension Plan benefits.
But he died on , 20 . At the time of his death, I was the legal Spouse.
Therefore, I would like to apply for the Canada Pension Plan Death Benefit.
My Social Insurance Number is , and my Client Identification Number is .

I enclose documents which are required to provide.
- Application for a Canada Pension Plan Death Benefit
- COVER PAGE

Yours sincerely,

COVER PAGE

COVER PAGE

Mrs.

Nagano-Ken
Japan

IMPORTANT
INSTRUCTIONS

1. Use the enclosed return envelope to send us the forms or documents we need.
2. Fold this cover page at the dotted line above and insert it into the envelope.
3. Make sure that **our address** in the box below shows through the envelope window.

Service Canada
National Benefits
National Information and Benefit Services
333 NORTH RIVER ROAD
OTTAWA ON K1A 0L1

Client Identification Number

███████

████████, 20██

---

7 遺族年金（Death Benefit）の支給決定

　カナダ政府機関から次のような遺族年金支給を認める旨の通知が届きました。

　遺族年金の支給決定通知には次のような重要事項が記載されています。

① 支給額の算出方法

② 支給額の最終調整

③ 遺族年金が課税対象になること

④ 遺族年金の支給額などに不服がある場合の対応

遺族年金（Death Benefit）の支給決定通知

Client Identification Number:
██████████

Client Name: ████████

MRS ████████
THE ESTATE OF ████████
████████ NAGANO-KEN

Date:
20██-██-██
Amount of benefit

███████ JAPAN $ ███████

Your application for a Canada Pension Plan (CPP) Death Benefit has been approved

Service Canada has approved the application for a death benefit, following the death of the above contributor. Please accept our sympathy on your loss. You will receive payment in the near future.

Some important facts
Calculating the amount of the CPP death benefit

We calculate the amount by taking into consideration the following factors related to the deceased CPP contributor's account:
1) the number of years worked and those years not worked;
2) the amount paid into the CPP through income tax or payroll deductions (CPP contributions) based on the amount of employment and/or self-employment income earned;
3) time spent staying at home to care for children under the age of seven (born after December 31, 1958).

If the contributor lived or worked in Quebec, we also consider any amount paid into the Quebec Pension Plan.

The amount of the benefit may need to be adjusted

Once we receive official confirmation of the contributor's final employment or self-employment earnings and CPP contributions from the Canada Revenue Agency (CRA), the amount of the death benefit may need to be adjusted. Any underpayment will be paid to you and any overpayment will need to be recovered. We will contact you in advance if this situation applies to you.

Death benefits are taxable

The CPP death benefit is taxable. An information slip (T4A (P); NR4) will be issued to you for tax purposes. The tax slip will show the amount of the benefit for the year in which you received it.
You can report this on your own income tax return or on the final tax return of the estate. It should not be reported on the last income tax return of the contributor.

If you disagree with the decision

You can request a reconsideration of any decision made on the application. For example, the amount of the benefit payment.

To request a reconsideration of the decision, you must write to Service Canada within **90 days** of receiving this letter. In your written request, please include the following information:

- your name, address, telephone number;
- the deceased's name and Client Identification Number; and
- the reason why you are asking for a reconsideration of the decision.

Please send your request to the return address listed at the beginning of this letter.

NOTE: A false or misleading statement may result in an administrative monetary penalty and interest, if any, under the *Canada Pension Plan*, or in the prosecution of an offence. Any benefits received or obtained to which there was no entitlement would have to be repaid.

On-line Services

Service Canada's on-line services are easy to use and provide useful information about Canada Pension Plan and Old Age Security benefits.

To see the full range of on-line services available, please visit us at **servicecanada.gc.ca.**

Contact information

If you have any questions or would like to report changes in your situation, you can visit our Internet site at **servicecanada.gc.ca.** To reach us by telephone in Canada or the United States call:

English	1-800-277-9914
French	1-800-277-9915
TTY	1-800-255-4786

8 督促状の送付

　遺族年金（Death Benefit）支給を認める旨の通知が届いてから 2 か月が経過。年金が届かなかったため，カナダ政府機関に対して，次のような督促状を郵送しました。

　それから約 1 か月半後に，遺族年金の小切手が配偶者に届きました。

カナダ政府機関宛ての督促状

Nagano Prefecture
██████ Japan
████████, 20████

Service Canada
National Benefits
National Information and Benefit Services

Dear Sir/Madam,

Thank you for approving the application for the Canada Pension Plan Death Benefit.

I received a letter of ████████ ████, and I have been waiting for receiving the benefit payment. But, as of ████████ ████, I have not received it. A copy of the letter is enclosed.

I am sure this is an oversight, and hope to receive your payment in the near future.

Yours sincerely,

9 カナダ政府機関の送金システム変更通知

カナダ政府機関はその後，小切手送金から口座振込みへ送金システムを変更しました。システム変更に伴い，振込先口座など必要事項の提出を求める以下のような通知が届きました。

依頼者にシステム変更のご説明をして，書類作成をお願いし，カナダ政府機関に必要事項を記載した書類を提出しました。

FOREIGN DIRECT DEPOSIT ENROLMENT FORM

FORMULAIRE D'INSCRIPTION AU DÉPÔT DIRECT POUR L'ÉETRANGER

NEED HELP WITH THIS FORM? PLEASE REFER TO THE INSTRUCTIONS ATTACHED.
BESOIN D'AIDE AVEC CE FORMULAIRE? VEUILLEZ VOUS REFERER AUX INSTRUCTIONS CI-JOINTES.

PART A-Identification Information	PARTIE A-Renseignements d'identification
Print clearly and in block letters. Do not use this form to provide changes to your mailing address.	Écrivez lisiblement et en lettres moulées, N'utillsez pas ce formulaire pour modifier votre adresse postale.

Surname
Nom

Given Name   Initial（s）
Prénom   Initiale（s）

Address
Adresse

City, Town   State
Ville   État

ZIP/Postal Code   Country
Code ZIP/postal   Pays

Telephone No.
N° de téléephone

PART B-Payment Information	RARTIF B-Renseignements sur les paiements
Indicate the payment（s）you currently recelve by cheque	Indiquez le（s）palement（s）que vous recevez actuellement par chéque

Veteran Affairs Canada-Anciens Combattants Canada

Veterans Affairs Pension or Award Pension ou indemnite d'invalidite des anciens combattants	War Veterans Allowance Allocation aux anciens combattants
Veterans Affairs Financial Benefits Les avantages financiers aux anciens combattants	

▶ File No.
　N° de dossier

Service Canada-Service Canada

Old Age Security（OAS） Sécurité de la vieillesse（SV）	International Agreements-OAS Accords internationaux-SV
Canada Pension Plan（CPP） Régime de pensions du Canada（RPC）	International Agreements-CPP Accords intermationaux-RPC

▶ Social Insurance No.
　N° d'assurance sociale

Service Canada-Service Canada

Canadian Government Annuities Rentes sur l'État	▶ Contract No. 　N° du contrat

---

カナダの送金システム変更を説明したウェブページ

Direct deposit

The Government of Canada is switching from cheques to direct deposit, an electronic transfer of funds deposited directly into your bank account. Direct deposit is faster, more convenient and more secure. Enrol for direct deposit or update the banking information you already have on file.

Sign up or modify details for direct deposit

Once you choose an option, the next question or an answer will appear below.

Select your payment for direct deposit:

Expand all	Hide all

▶ Canada Emergency Response Benefit (CERB)
▶ Canada Emergency Student Benefit (CESB)
▶ Canada Emergency Wage Subsidy (CEWS)
▶ Canada Pension Plan (CPP) or Old Age Security (OAS)
▶ Income tax refunds or Canada workers benefit (CWB)
▶ Goods and services tax (GST)/Harmonized sales tax (HST) credit or provincial equivalent (example: Ontario trillium benefit, Alberta climate leadership adjustment)
▶ Canada child benefit (CCB)
▶ Employment Insurance (EI) benefits and leave
▶ Veterans Allowance and Benefits
▶ Federal public service pension plans
▶ Federal public service pay
▶ Canadian Government Annuities
▶ Student loans
▶ Apprenticeship grants
▶ Canada Premium Savings Bond and Canada Savings Bond
▶ Indigenous payments, grants and contributions
▶ Businesses and government suppliers
▶ Other payments

Most requested
  · Complete the Canada direct deposit enrolment form
  · Complete the foreign direct deposit enrolment form
  · Direct deposit help centre

Date modified:
2020-10-15

依頼者への書類作成依頼文

■■■■様

平成■年■月■日
岡田行政書士事務所
岡田　忠興

書類作成のお願い

謹啓　時下ますますご清栄のこととお喜び申し上げます。

　先日はカナダ政府からの書類をお送りいただき，ありがとうございました。今回FAXをいただいた書類は，カナダ政府の送金システムの変更（小切手送付から口座振込みへの変更）に伴う提出書類です。

　このシステム変更のため，PART AからDまでに必要事項を記載し，返送する必要があります。PART Cは振込先金融機関に記入してもらうものです。金融機関（■■■■■■）に用紙をお持ちいただき，外国為替の窓口で必要事項を記入してもらい，所定の箇所に印を押してもらってください。その他の部分については，記載例を書いた用紙を同封いたしました。ご参考になさってください。記入は黒のペンをご使用ください。

　記入が終わりましたら，下記の住所に返送していただきたくお願い申し上げます。記載書類のコピーを手控えに残しておいてください。

Receiver General for Canada

CP 5000

Matane QC G4W 4R6

Canada

　なお，システムの切り替えに時間がかかるため，返送した書類がカナダ政府に届いてから約3か月間は，従来どおり小切手で送金されるそうです。

　■■■■のご多用の折，恐縮ですが，よろしくお願い致します。

謹白

第5章

その他諸国・地域の国際私法・相続法

　本章では，イギリス以外の 11 の国・地域の国際私法・相続法の概要を紹介します。相続法は，家族のあり方に対する意識の差異を背景として国・地域ごとに多様です。

　まず，「地域的不統一法国」としてアメリカ，オーストラリア，「人的不統一法国」としてフィリピン，インドの法律をそれぞれ説明します。また，「分裂国家」の例として中華人民共和国（中国）と中華民国（台湾），大韓民国（韓国）と朝鮮民主主義人民共和国（北朝鮮）を挙げました。特に北朝鮮は日本と国交がないため，相続人が消息不明の場合には所在調査等がスムーズに進まないことがあります。英米法系・大陸法系の区分では，前者はアメリカ，オーストラリア，インド，後者がドイツ，フランスです。オーストラリア，インドはコモンウェルス構成国でもあります。ロシアは 1990 年まで社会主義法の国でした。今日のロシア法は，基本的には西欧資本主義法の系統に属するといえますが，他の西欧資本主義諸国とは異なる特殊性をもっています。

　なお，2018 年 7 月に改正された日本民法（相続法）では，生存配偶者の権利拡大が目玉のひとつとされましたが，改正法の立案過程では各国の相続法も参照されています。そこで最後に，生存配偶者保護についての各国法制の概要をまとめました。

　この章で紹介した国・地域を含む各国法の参考文献については，最高裁判所事務総局家庭局監修『渉外家事事件執務提要（下）』に一覧が掲載されています。外国法調査のための具体的な方法は，鮎京正訓（編）『アジア法ガイドブック』，阿部博友ほか（編著）『世界の法律情報 ──グローバル・リーガル・リサーチ─』に詳しい説明があります。また，『戸籍実務六法』には，中国，台湾及び韓国の国際私法・相続法の条文（日本語）が掲載されていますので参照してください。

1 国際私法

(1) 準拠法に関する原則

アメリカは，州ごとに法律が異なる「地域的不統一法国」です。連邦憲法修正10条は，「憲法によって合衆国に委ねられていない権限，憲法によって州に対して禁止されていない権限は，各州または人民に留保されている」と規定しています。したがって，国家が一般に有すべきさまざまな権限については，各州がそれぞれ定めています。そのため，どの州法が準拠法になるのかを特定する必要があります。

アメリカでは，どの州法を指定するかについての内部規則が存在しないため（横浜地判平成3年10月31日家月44巻12号105頁），「最も密接な関係がある地域」の法はどれかを決めなければなりません。その法を決める際の重要な要素は「ドミサイル（domicile）」です。ドミサイルは英米法の概念で，日本の「住所」とは異なるため注意が必要です。ドミサイルが決まれば，そのドミサイルのあった地の法が本国法になります。

また，アメリカの国際私法に相当する Restatement of Conflict of Laws 294条は，土地の相続については土地の所在地国の法律によると規定し，動産と不動産とを区別して準拠法を決める「相続分割主義」を採用しています。

(2) 具 体 例

アメリカ人が日本に財産を残して死亡した場合，まず日本の通則法36条を適用し，アメリカの国際私法を調べます。地域的不統一法国における本国法の確定は，同法38条3項により，①その国の規則に従って指定される法，②規則がないときは当事者に最も密接な関係がある地域の法によります。同国は地域的不統一法国であり，かつ相続分割主義をとるため，当該財産が不動産であれば不動産所在地法である日本法を適用します。動産については，被相続人が死亡当時にドミサイルをおいていた場所を調べ，

それが日本のときは日本法を，アメリカの場合はドミサイルをおいていた州の法律を適用します。

2 相 続 法

(1) 清 算 主 義

日本を含む大陸法系の国では，死者に生前属していた権利義務がすべて，死亡と同時に相続人に包括承継されます（包括承継主義）。これに対してアメリカなど英米法系の国では，死者の有していた権利義務が人格代表者（personal representative）である遺言執行者（executor）又は遺産管理人（administrator）に帰属し，そこでまず財産関係の清算が行われます。プラスの遺産が残れば相続人への移転が認められますが，マイナスになる場合には債権者に割合的な弁済が行われ，相続人が債務を承継することはありません（清算主義）。清算主義をとるアメリカ法では，相続財産の管理・清算（administration）と残余財産の分配・移転（succession）とは分けて取り扱われます。

アメリカでは建国当時から，イギリス法の伝統を受け継ぎ，相続に関する法は家族集団の財産承継というよりも個人の私的所有，処分の自由に重きを置いてきました。

(2) 統一検認法典（Uniform Probate Code, UPC）

連邦制をとるアメリカは州ごとに異なる相続法を持ち，その内容はさまざまです。そのため，統一州法委員全国会議（The National Conference of Commissioners on Uniform State Laws，現在の Uniform Law Commission）とアメリカ法律家協会（American Bar Association）は 1969 年，統一検認法典（Uniform Probate Code, UPC）を公表しました。1971年にアイダホ州がほぼ全面的に採択したのを皮切りに，UPC を採択している州は現在 19 州あります。

(3) ニューヨーク州

ニューヨーク州は，New York Consolidated Laws に Estates, Powers &

151

Trusts（EPT）として第1編から第14編までを置いています。この中で第2編から第5編が無遺言相続・遺言に関する主要規定です。

❶ 相続人と相続分

ニューヨーク州は別産制を原則としています。無遺言相続における相続人と相続分は次のように規定されています。

① 配偶者と直系卑属がいる場合：配偶者が50,000ドルと残余遺産の2分の1を，直系卑属が残高を取得

② 配偶者がいて直系卑属がいない場合：配偶者がすべての無遺言遺産を取得

③ 配偶者がおらず直系卑属がいる場合：直系卑属がすべての無遺言遺産を取得

④ 配偶者も直系卑属もおらず，被相続人の親がいる場合：親がすべての無遺言遺産を取得

⑤ 配偶者，直系卑属，親がおらず，被相続人の親の直系卑属がいる場合：親の直系卑属がすべての無遺言遺産を取得

⑥ 配偶者，直系卑属，親，親の直系卑属がおらず，被相続人の祖父母がいる場合：父方の祖父母が2分の1を取得。父方の祖父母がいないときは，その直系卑属がこの2分の1を取得。他の2分の1は母方の祖父母が取得。母方の祖父母がいないときは，その直系卑属がこの2分の1を取得。父方又は母方の一方の祖父母がおらず，かつその祖父母の直系卑属もいない場合には，他方の祖父母がすべての無遺言遺産を取得。他方の祖父母もいない場合には，その直系卑属がすべての無遺言遺産を取得

❷ 生存配偶者と子の保護

生存配偶者の選択的相続分については，次のようになっています。

① 遺言が1930年8月31日より後，1966年9月1日より前に作成された場合：被相続人の直系卑属がいるときは，配偶者の選択的相続分は純遺産の3分の1，その他の場合は2分の1

② 被相続人が1992年9月1日以降に死亡した場合：配偶者の選択的相続分は，（i）50,000ドル，もしくは純遺産の元本価値が50,000ド

ルより少ない場合にはその元本価額，又は（ii）純遺産の 3 分の 1
のいずれか大きい方

（4）カリフォルニア州

カリフォルニア州には，California Probate Code があります。これは第 1
編から第 11 編までからなる遺産の検認手続に関する法律で，主な内容は
以下のとおりです。

❶ 共有財産の清算

カリフォルニア州は共有財産制を採っています。夫婦（又はドメス
ティックパートナー）の一方が死亡した場合，共有財産・準共有財産の 2
分の 1 は生存配偶者（又はドメスティックパートナー）に，他の 2 分の 1 は
被相続人に帰属します。ただし，夫婦が，共有財産・準共有財産の総額
を按分ではない割合で分割することや，個々の物・資産ごとに分割する
ことなどを書面で合意した場合は，それによることができます。

❷ プロベイト手続

相続財産の管理・清算の手続は，プロベイト（probate）と呼ばれます。
プロベイトは，検認裁判所（probate court）の法的手続です。カリフォル
ニア州では，全部で 58 の郡（county）に 1 つずつ設けられた第 1 審（事実
審）裁判所である上位裁判所（superior court）がこれを行います。

カリフォルニア州におけるプロベイト手続の開始要件は，当該死者が
①同州にドミサイルがあること，又は，②同州内に財産を有しているこ
とです。他の州や外国にドミサイルがあり，カリフォルニア州内に財産
を持つ者の遺産管理は，副次的遺産管理（ancillary administration）と呼ばれ
ています。通常の遺産管理と内容的には同じです。

人の死亡後，すべての利害関係人がプロベイトの申立てをすることが
でき，これにより死者の死亡の日付・場所の決定をする命令を求めます。
併せて，①人格代表者の任命，②死者の遺言の検認（probate）のいずれ
か又は双方の申立てをします。プロベイトでは資産内容や受遺者が公開
され，9 か月から 1 年半あるいはさらに長期の手続になります。

（5）フロリダ州

　UPC の諸規定に相当する規定をほぼ備えているのがフロリダ州です。Florida Statues の Title XL Ⅱ Estates and Trusts にその諸規定が置かれています。

（6）ルイジアナ州

　ルイジアナ州は，英米法系の法を持つ他州と異なり，フランス法の伝統を受け継いで大陸法系の法を持つ点に大きな特徴があります。

　相続については，ルイジアナ民法典（Louisiana Civil Code）第 3 編第 1 章に規定が置かれています。包括承継原則（universal succession）を採っており，被相続人の死亡とともに相続が開始し，包括承継人は遺産の所有権を，特定承継人は遺贈された物の所有権（ownership）を取得します。遺産代理人（succession representative）が選任される前は，包括承継人が遺産に関する権利及び被相続人の義務を代表します。

　遺産の分配については，夫婦の共有財産制です。

【参考文献】

大村敦志（監修）『相続法制の比較研究』149〜268 頁，第一東京弁護士会人権擁護委員会国際人権部会（編）『外国人の法律相談 Q&A　第四次改訂版』189 頁，渉外司法書士協会（編）『ケースブック　渉外相続登記の実務』282〜331 頁，山北英仁『渉外不動産登記の法律と実務 2』3〜336 頁

✅ **キーワード解説** │ ドミサイル（domicile）

　英米法上の住所は「ドミサイル」と呼ばれ，「人が固定的な本拠を持ち，そこを離れても帰来する意思を持っている場所」と定義されます。

　ドミサイルは伝統的に，①本源住所（domicile of origin），②選定住所（domicile of choice），③従属住所（domicile of dependence）の 3 つに区別されます。①は人が出生によりその親から法律上当然に取得し，②は一定年齢に達した後に自らの選択により取得するものです。②は取得意思，特に永住の意思の認定が厳格になされます。そしてドミサイルは 1 つしか持てないため，②を取得すれば①

を失います。また，②を放棄すれば①が復活することがあります。③は，子が親の住所に従うなど，特定の人の住所に依存して住所が定まる場合です。

　アメリカ人の相続では，動産の相続の準拠法や裁判管轄を決める際にドミサイルが問題となることがあります。ドミサイルは法域単位で認定されるため，アメリカではニューヨーク州かカリフォルニア州か，などが問題とされることになります。■

第2節 ｜ オーストラリア

1 国際私法

(1) 準拠法に関する原則

　連邦制をとるオーストラリアは，アメリカと同様に州ごとに法律が異なる「地域的不統一法国」です。また，コモンローを継承する国として，相続準拠法については「相続分割主義」を採用しています。そのため，不動産については不動産所在地の法律を，動産については被相続人が死亡当時にドミサイル（domicile）をおいていた場所の法律を適用します。

(2) 具体例

　オーストラリア人が日本に財産を残して死亡した場合，日本の通則法36条を適用し，オーストラリアの国際私法を調べます。本国法の確定は，同法38条3項により，①その国の規則に従って指定される法，②規則がないときは当事者に最も密接な関係がある地域の法律によります。同国は地域的不統一法国であり，かつ相続分割主義をとるため，当該財産が不動産であれば不動産所在地法である日本法を適用します。動産であれば，被相続人が死亡当時にドミサイルをおいていた場所を調べ，それが日本のときは日本法を，オーストラリアの場合はドミサイルをおいていた州の法律を適用します。

2 相 続 法

(1) 遺言がある場合の相続手続

被相続人が遺言書を残していた場合，プロベイト（probate，検認）の手続をとります。この遺言の検認の手続の準拠法については，遺言が問題になる国の法廷地法とするのが多数説です。したがって，相続財産である不動産が日本にあれば，日本の家庭裁判所で検認手続を受ければよいと考えられます。

ただし，日本の検認手続と英米法のプロベイトとは内容が大きく異なります。日本の検認手続は，遺言書の一種の保全手続ですが，プロベイトは遺言者の遺言能力なども調べ，遺言書が有効かどうかまで判断します。したがって，日本の検認手続を経たオーストラリア人の遺言書をもって，オーストラリアの相続手続の執行ができることにはなりません。逆にオーストラリアでプロベイトを済ませた遺言書については，日本で検認手続をとることまでは求められないと考えられます（神戸家審昭和 57 年 7 月 15 日家月 35 巻 10 号 94 頁，百選 82 事件参照）。

(2) 遺言がない場合の相続手続

不動産については不動産所在地法が適用されます。日本にある不動産については日本法に反致され，相続人の範囲や相続分は日本民法に従って処理することになります。そして，遺産分割協議の結果は宣誓供述書（affidavit）の方式で文書にします。

【参考文献】
渉外司法書士協会（編）『ケースブック　渉外相続登記の実務』245〜250 頁

第3節 ｜ フィリピン

1 国際私法

(1) 準拠法に関する原則

　日本の通則法36条は「相続は，被相続人の本国法による」と規定しているため，フィリピンの国際私法を調べます。しかし，フィリピンにおける独立した国際私法は存在しません。相続について規定したフィリピン民法（The Civil Code of Philippines）の16条では，「不動産及び動産については，その所在地法を適用する。ただし，無遺言相続及び遺贈について，相続順位，相続対象となる権利の範囲及び遺言の効力は，財産の種類及び当該財産の所在地にかかわらず被相続人の本国法を適用する」としています。

(2) 例　　外

　フィリピンは，フィリピン民法に加えてムスリム（イスラム教徒）にはムスリム身分法（Code of Muslim Personal Laws of the Philippines）が適用される「人的不統一法国」です。このムスリム身分法は，婚姻，親子関係，相続などの私的な身分関係に限って適用されます。フィリピンにおける相続法はフィリピン民法とムスリム身分法が併存することから，日本の通則法40条1項を参照します。同条項は，「当事者が人的に法を異にする国の国籍を有する場合には，その国の規則に従い指定される法（そのような規則がない場合にあっては，当事者に最も密接な関係がある法）を当事者の本国法とする」と規定しています。

　したがって，フィリピン国籍の被相続人に適用される準拠法は，①被相続人がムスリムでなければフィリピン民法，②ムスリムであればムスリム身分法となります。

(3) 具　体　例

　日本にある不動産を所有するフィリピン人が死亡した場合，被相続人が

ムスリムでなければフィリピン民法を，ムスリムであればムスリム身分法を適用します。被相続人の宗教については，婚姻証明書（Certificate of Marriage）などの記載を手がかりにします。

2　相　続　法

(1) 遺言がある場合の相続手続

フィリピン民法では，遺言の有無によって相続手続が異なります。

遺言の方式については，同法804条から806条に規定されています。遺言はすべて，遺言者及び証人が公証人の面前で認証を受けなければなりません。

(2) 遺言がない場合の相続手続

❶　法定相続又は無遺言相続が生じる場合

フィリピン民法960条は，法定相続又は無遺言相続が生じる場合として次の4つを規定しています。これらの場合には，同条以下を適用します。

①　人が遺言なく死亡したとき，又は遺言が無効であるか，遺言後に有効性を失ったとき

②　相続人又は遺言者に属する財産の処分を遺言で定めていないとき

③　任意相続人の条件が成就しないとき，条件を満たさない内容の記述があるとき，又は遺言者より先に死亡した相続人がいるとき

④　任意相続人がフィリピン民法典に規定されている場合を除き，承継することができないとき

❷　相続順位

フィリピン民法では，相続順位は次のようになります。

①　第1順位：直系卑属

直系卑属は性別や年齢に関係なく均等に相続します。認知された婚外子（出生時には両親の間に法律上の婚姻障害はなかったが婚姻が成立しておらず，かつ両親によって認知されていた子），法的擬制による婚外子（無効な婚姻に

おいて懐胎された子及び取消しによる婚姻の無効判決後に懐胎された子）の相続分は嫡出子の 2 分の 1，その他の嫡出でない子は認知された婚外子の 5 分の 1 です。

② 第 2 順位：直系尊属

③ 第 3 順位：非嫡出子

④ 第 4 順位：生存配偶者

生存配偶者と嫡出子又は直系卑属が相続する場合，配偶者は均等に相続します。生存配偶者と両親又は直系尊属が相続する場合には，生存配偶者が 2 分の 1，両親又は直系尊属が 2 分の 1 を相続します。

⑤ 第 5 順位：傍系親族

⑥ 第 6 順位：国家

❸ 法定相続制度

フィリピン民法 887 条は，遺産の一部について相続人のために処分できない財産を定めています。日本民法における遺留分制度と同様のものです。この場合の相続人を法定相続人（Compulsory Heir）といいます。具体的には以下のとおりです。

① 嫡出子及びその嫡出直系卑属

② ①の者がいない場合には，嫡出関係にある両親及びその尊属

③ 生存配偶者

④ 認知された婚外子及び法的擬制による婚外子

⑤ 287 条に規定されたその他の嫡出でない子（姦通又は近親相姦によって出生した子）

被相続人の兄弟姉妹は法定相続人にはなりません。ただし，兄弟姉妹や友人，知人などの任意相続人（Institution of heir）は，法定相続人の法定相続分が侵害されない限度において，遺言による相続をすることができます。

（3）ムスリム相続法

ムスリムに適用される「フィリピン・ムスリム身分法（Code of Muslim Personal Law of the Philippines）」の第 3 巻に相続法が規定されています。

❶ 相 続 順 位

ムスリム相続法では，相続順位は次のようになります（99条）。

① 法定相続の割当相続人は，固有の相続分を得ます。

② 残余相続人は，残余分を得ます。

③ ①②以外の場合は，血族で遠縁の者が相続人となります。

④ ①②③の者が不可能な場合は，知れたる親族，一般の遺産受取人，国庫の順となります。

❷ 割当相続人

次の者が割当相続人として定められています（110条）。

①夫，妻，②父親，母親，祖父，祖母，③娘，男系男子卑属の娘，④同父母姉妹，同父異母姉妹，同母異父姉妹，同母異父兄弟

❸ 生存夫の相続分

生存夫の相続分は次のとおりです（111条）。

① 嫡出子，死亡した息子の子と共に生存している場合：遺産の4分の1

② それ以外の場合：遺産の2分の1

❹ 生存妻の相続分

生存妻の相続分は次のとおりです（112条）。

① 嫡出子，死亡した息子の子と共に生存している場合：遺産の8分の1

② それ以外の場合：遺産の4分の1

【参考文献】

渉外司法書士協会（編）『ケースブック　渉外相続登記の実務』221〜230頁，山北英仁『渉外不動産登記の法律と実務』355〜388頁

第 4 節 │ イ ン ド

1　国際私法

（1）準拠法に関する原則

　日本の通則法 36 条は「相続は，被相続人の本国法による」と規定しているため，インドの国際私法を調べます。インドはフィリピンと同様，宗教によって適用される法令を区別する「人的不統一法国」です。The Indian Succession Act, 1925（以下，「インド相続法」といいます）と Hindu Succession Act, 1956（以下，「ヒンドゥ相続法」といいます）の 2 つの法律があり，被相続人の信仰する宗教によっていずれの法律を適用するかが決まります。そして，日本の通則法 40 条は人的不統一法国について，「当事者が人的に法を異にする国の国籍を有する場合には，その国の規則に従い指定される法（そのような規則がない場合にあっては，当事者に最も密接な関係がある法）を当事者の本国法とする」と規定しています。そのため，インドのいずれの法を被相続人の本国法として適用するかについて，インドに規則があればその規則により，規則がない場合は当事者に最も密接な関係がある法を判断する必要があります。

　インドの規則については，インド相続法が一般法であり，ヒンドゥ相続法は特定の宗教を信仰する者の無遺言相続を規定する特別法という位置づけです。ヒンドゥ相続法が適用されるのは，ジャンム・カシミール州を除くインド国内に居住するすべてのヒンドゥ教徒です。同法 2 条によると，被相続人が仏教徒，ジャイナ教徒，シーク教徒の場合にも同法が適用されます。ただ，同法は無遺言相続の規定しかなく，遺言による相続についてはインド相続法を適用するとしています。そのため，ヒンドゥ教徒などについても，遺言がある場合はインド相続法によることになります。

　インド相続法の「パートⅡドミサイル」4 条は，「本パートは，被相続人がヒンドゥ教徒，ムスリム，仏教徒，シーク教徒，ジャイナ教徒であるときは，適用しない」と規定しています。しかし，インドの最高裁判例など

によって，4条で適用除外になっているヒンドゥ教徒などにもパートⅡの規定は適用されており，4条は実質的に死文化しているといえます。そして同法5条は，次のように規定しています。

（被相続人の不動産及び動産の相続に関する法）
第5条　インドに所在する不動産に関する相続は，被相続人が死亡時のドミサイルがいかなるところにあろうと，インドの法律による。
2　被相続人の動産に関する相続は，被相続人の死亡時のドミサイル地の法による。

なお，5条2項の「動産」は，預貯金などの債権や負債を含む不動産以外の相続財産すべてです。

❶　不動産相続の準拠法

この第5条は，日本にある不動産の相続については何ら準拠法を指定していないようにもみえますが，インドはコモンローの国でもあり，コモンローの国際私法の原則によると次のようになります（LAW COMMISION OF INDIA ONE HUNDRED AND TENTH REPORT ON THE INDIAN SUCCESSION ACT, 1925）。

①　インドに所在する不動産の相続は，インドの国内法によって処理され，ドミサイルがどこにあるかは関係ありません。
②　ドミサイルのある国（又は他のいずれかの国）に所在する不動産の相続は，不動産所在地法によります。
③　インドにある動産は，ドミサイルの法によります。
④　ドミサイルの国にある動産は，その国の法によります。
⑤　他のいずれかの国（ドミサイルのある国及びインド以外の国）にある動産は，ドミサイルの国の法によります。

したがって，日本国内の不動産の相続については，日本法が準拠法になります。

❷　動産相続におけるドミサイル

インド相続法が規定するドミサイルは次のようになります。

①　動産相続のドミサイルは1か所しか認められません。

② 出生時のドミサイルは，嫡出子は父の，非嫡出子は母のドミサイルとなります。

③ ドミサイルは，新たなドミサイルが獲得されるまで，変わることはありません。

④ 婚姻した女性は，夫のドミサイルとなり，婚姻期間中の妻のドミサイルは夫のドミサイルに従います。

日本で死亡したインド人のドミサイルについては，日本で「永住者」の在留資格を取得しているような客観的な状況がある場合を除き，被相続人の生前の意思などを総合的に判断して決めるほかありません。

(2) 具 体 例

インド人が日本に不動産と動産を残して死亡した場合の相続は，以下のように考えます。

不動産については日本法が適用されます。

動産については，日本にドミサイルがあると認められれば日本法を，インドにドミサイルがある場合はインド法が適用されます。

2 相 続 法

英米法系のインドでは，相続分割主義をとり，遺産管理と相続（遺産管理後の残余財産の分配）を抵触法上別異に扱っています。遺産管理については，遺産がインドにある場合にはインド裁判所の管轄が認められ，常にインド法が適用されます（インド相続法 219 条 g）。そして，遺言執行を遺産管理に含めています。

【参考文献】

渉外司法書士協会（編）『ケースブック　渉外相続登記の実務』236〜244 頁，山北英仁『渉外不動産登記の法律と実務』455〜466 頁，『国際私法判例百選［第 2 版］』83 事件

第5節 | 中華人民共和国（中国）

1　国 際 私 法

（1）準拠法に関する原則

　日本の通則法 36 条は「相続は，被相続人の本国法による」と規定しているため，中国の国際私法を調べます。中国の国際私法である「渉外民事関係法律適用法」（以下，「法律適用法」といいます）の 31 条は，「法定相続については，被相続人の死亡時の常居所地の法律を適用する。ただし，不動産の法定相続には不動産所在地の法律を適用する」と規定しています。すなわち，同条は「相続分割主義」を採用し，動産相続については被相続人の死亡時の常居所地法を，不動産については不動産所在地法を適用します。

　遺言の効力について，法律適用法 33 条は，「遺言者の遺言作成時又は死亡時の常居所地法又は国籍国法を適用する」と規定しています。同条は，遺贈や相続分の指定などについても優先的に適用されると解されています。そのため，法定相続に関する同法 31 条が適用されるのは，①遺言がない場合，② 33 条により遺言が無効とされる場合，③遺言による相続人が相続放棄した場合，④受遺者が遺贈放棄した場合などに限られるとされます。

　そして，同法 33 条は複数の選択肢をあげており，確定的に日本法を準拠法とするわけではないことから，日本の通則法 41 条にいう「その国の法に従えば日本法によるべきとき」とはいえず，日本法へは反致しないと解されます。

　したがって，遺言がない場合の法定相続については，日本の通則法 41 条の反致の規定により日本の民法を適用すればよいのですが，遺言相続の場合は日本法に反致しないことになります。

（2）具　体　例

　中国人が日本に財産を残して死亡した場合の法定相続については，日本の通則法 36 条を適用し，中国の国際私法を調べます。動産であれば，被相

続人の死亡時の常居所地を調べ，それが日本のときは日本法を，中国の場合は中国法を適用します。不動産の場合は不動産所在地法である日本法に反致します。

2　相　続　法

(1) 中国の相続法

　中国の相続法である「中華人民共和国継承法」（以下「継承法」といいます）は 1985 年に成立しましたが，中国初の「民法典」が 2020 年 5 月 28 日に成立しました。施行は 2021 年 1 月 1 日で，継承法など各個別法律は同時に廃止されました。

　「民法典」は総則，物権，契約，人格権，婚姻家庭，相続，権利侵害責任の 7 編及び附則の合計 1260 条からなります。これまで中国には，民法の各分野を 1 つにまとめた民法典はなく，民法通則，民法総則，物権法，担保法，契約法，権利侵害責任法，婚姻法，養子縁組法，相続法という個別の法律に分かれていました。今回の民法典の制定公布には，最初の起草から 60 年以上の年月を要しました。

　民法典の相続編は，基本的に継承法の内容を踏襲しています。以下の説明は，継承法の内容です。

(2) 継承法の特徴

　継承法は次のような 3 つの特徴があります。

❶　権利義務一致の原則

　法定相続人・相続分の決定などは，被相続人に対する生前の扶養の評価を反映した内容になります。これを「権利義務一致の原則」といいます。相続法は，私的扶養を促進・奨励する役割を担っています。

❷　生活の保障

　相続を通じて，相続人などの生活の保障をすることを目指しています。

❸　心　留　分

　遺言処分の自由を広く認め，定型的・機械的な遺留分の制度をとって

いません。ただし，労働能力がなく，ほかに生活の糧を持たない相続人には必要な遺産分を留保しなければなりません（継承法19条）。

(3) 法定相続，遺言相続，遺贈扶養取決め

個人財産の死後継承のルートには法定相続，遺言相続・遺贈，遺贈扶養取決めの3つがあります。継承法16条2項は，「公民は遺言で，個人財産を法定相続人の一人又は数人で相続するよう指定することができる」と規定しています。この指定がある場合の相続が「遺言相続」，指定がない場合が「法定相続」です。「遺贈扶養取決め」は，当事者の意思によって生前の扶養と死後の遺産継承を明確な有償双務関係にする生前契約をいいます（同法31条）。遺言も遺贈扶養取決めもない場合に，はじめて法定相続に従います。ただ，遺言の作成は一般的ではなく，ほとんどは法定相続によっています。

(4) 相続順位

相続順位は次のようになります（継承法10条1項）。
第1順位：配偶者，子，父母
第2順位：兄弟姉妹，祖父母，外祖父母
なお，第1順位の「子」には，婚姻中の夫婦間の実子・養子に加えて，婚姻していない男女間の子，扶養関係にある継子も含まれるとされています（同条3項）。
また，配偶者の死後もその親である被相続人に対して主たる扶養義務を尽くした嫁や婿は第1順位の相続人となります（同法12条）。

(5) 相続分

原則として，同一順位の相続人の相続分は均等でなければなりません（継承法13条1項）。ただし，相続人が協議により同意した場合には，相続分を不均等にすることができます（同条5項）。また，扶養義務の履行等に配慮した次のような規定も置かれています。
① 「生活に特別困難があり，労働能力を欠く相続人に対しては，遺産

分配の際に配慮しなければならない」（同条 2 項）

② 「被相続人に対して主要な扶養義務を尽くし，又は被相続人と共同
生活をしていた相続人に対しては，遺産分配の時，多くを分けること
ができる」（同条 3 項）

③ 「扶養能力があり，かつ扶養条件のある相続人が扶養義務を尽くさ
なかった場合には，遺産分配の時，分配しないか又は少なく分配しな
ければならない」（同条 4 項）

(6) 代 襲 相 続

被相続人の子が被相続人よりも先に死亡した場合には，被相続人の子の
直系卑属が代襲相続します。代襲相続では一般に，その父又は母が相続す
る権利を有する遺産の割合のみを相続することができます（継承法 11 条）。

(7) 相続問題の解決方法

相続問題の処理について，継承法 15 条は次のように定めています。

「相続人は相互に思いやり譲り合い，和睦と団結の精神に基づいて，協
議により相続問題を処理しなければならない。遺産分割の時期，方法及び
額は，相続人が協議によって確定する。協議が調わないときは，人民調解
委員会による調停か又は人民法院に対する訴訟提起をすることができる」

(8) 遺　　言

継承法 16 条 1 項は，「公民は本法の規定に従い，遺言で個人財産を処分
することができ，かつ遺言執行者を指定することができる」と規定してい
ます。また同条 2 項は，「公民は遺言で，個人財産を法定相続人の一人又は
数人で相続するよう指定することができる」としています。

遺言の方式には，公証遺言，自書遺言，代書遺言，録音遺言，危急時の
口頭遺言の 5 つがあります（17 条）。

【参考文献】

高見澤磨ほか『現代中国法入門』204〜207 頁，258〜261 頁，第一東京弁護士会人権

擁護委員会国際人権部会（編）『外国人の法律相談 Q&A　第四次改訂版』190〜191 頁，渉外司法書士協会（編）『ケースブック　渉外相続登記の実務』179〜197 頁，山北英仁『渉外不動産登記の法律と実務』241〜270 頁，森・濱田松本法律事務所「中国最新法令〈速報〉No. 329」，『国際私法判例百選［第 2 版］』78 事件

第 6 節 ｜ 中華民国（台湾）

1　国 際 私 法

（1）準拠法に関する原則

　中華人民共和国（中国）と中華民国（台湾）は分裂国家です。分裂国家の準拠法については，2 つの考え方があります。① 2 つの国家の併存ととらえ，通則法 38 条 1 項によって重国籍者の本国法を決定するという考え方と，② 1 つの国家内に 2 つの政府が存在する地域的不統一法国として，同条 3 項によって不統一法国者の本国法を決定する考え方です。いずれの考え方によっても，当該個人が中国と台湾のいずれかに居住しているなどの結びつきがあれば，その国（地域）の法律が本国法として適用されることになります。

　そして，中華民国渉外民事法律適用法 58 条本文は，「相続は，被相続人の死亡の当時の本国法による」と規定していることから，台湾人の相続については台湾法が準拠法になります。

（2）具　体　例

　日本にある不動産を所有する台湾人が死亡した場合には，まず日本の通則法 36 条を参照します。同法は「相続は，被相続人の本国法による」と規定しており，中華民国渉外民事法律適用法 58 条本文が上記のとおり，「相続は，被相続人の死亡の当時の本国法による」と定めています。したがって，相続の準拠法は台湾法になります。また登記手続については，通則法 13 条 1 項が「動産又は不動産に関する物権及びその他の登記をすべき権利

は，その目的物の所在地法による」と規定していることから，日本の不動産登記法を適用することになります。

2　相　続　法

(1) 法定相続人

法定相続人は，配偶者を除いた次の順位で決めます（中華民国民法 1038 条）。

① 　直系血族卑属

② 　父母

③ 　兄弟姉妹

④ 　祖父母

(2) 生存配偶者の法定相続分

生存配偶者の法定相続分は次のようになります（同法 1044 条）。

① 　第 1 順位の相続人とともに相続するとき：遺産を他の相続人と均分

② 　第 2 順位又は第 3 順位の相続人とともに相続するとき：遺産の 2 分の 1

③ 　第 4 順位の相続人とともに相続するとき：遺産の 3 分の 2

④ 　第 1 順位から第 4 順位までの相続人がいないとき：遺産の全部

(3) 代 位 相 続

第 1 順位の相続人が相続開始前に死亡し，又は相続権を喪失したときは，その直系血族卑属がその相続分を代位相続します（同法 1140 条）

(4) 遺産分割協議

中華民国民法においても，遺産分割の自由が原則です。ただし，法律に別段の定めがあるとき，又は契約に別段の約定があるときを除きます（1164 条）。

日本の遺産分割協議書に該当する書面は，「聲明書」です。聲明書にだ

れが何を相続するとの記載があれば，日本の法務局においても遺産分割協議書として使用できます。

(5) 相続登記に必要な書類

登記手続については，日本の不動産登記法が適用されます。また，台湾にも戸籍制度，印鑑証明書制度があります。相続登記に必要な書類は次のとおりです。

① 被相続人の出生から死亡までのすべての戸籍
② 相続人の現在の戸籍
③ 聲明書（遺産分割協議書）
④ 相続人の印鑑証明書
⑤ 相続系統承継図（相続関係説明図）
⑥ 評価証明書
⑦ 委任状
⑧ ①から⑤までの日本語訳文

【参考文献】

大村敦志（監修）『相続法制の比較研究』369〜412 頁，第一東京弁護士会人権擁護委員会　国際人権部会（編）『外国人の法律相談 Q&A　第四次改訂版』197〜198 頁，渉外司法書士協会（編）『ケースブック　渉外相続登記の実務』198〜212 頁，山北英仁『渉外不動産登記の法律と実務』271〜302 頁

第7節 ｜ 大韓民国（韓国）

1 国 際 私 法

(1) 準拠法に関する原則

日本の通則法 36 条は「相続は，被相続人の本国法による」と規定しているため，韓国の国際私法（大韓民国国際私法，以下「国際私法」といいます）を調べます。国際私法 49 条 1 項は「相続は，死亡当時の被相続人の本国法に

よる」と規定していることから，準拠法は大韓民国民法になります。

　また，国際私法49条2項は「被相続人が遺言に適用される方式によって，明示的に次の各号の一を指定するときは，相続は，第1項の規定にかかわらずその法による」としており，同項1号は「指定当時被相続人の常居所がある国家の法。ただし，その指定は，被相続人が死亡時まで，その国家で常居所を維持した場合に限り，その効力を有する」，2号は「不動産に関する相続に対しては，その不動産の所在地法」と規定しています。

　したがって，被相続人の遺言がある場合には，その遺言の内容に従って相続財産を処分しますが，遺言がない場合には大韓民国民法相続編の規定に従うことになります。

(2) 具 体 例

　在日韓国人の特別永住者が日本に不動産と動産を残して死亡し，遺言で明示的に「相続の準拠法は，常居所地である日本法とする」と指定していました。そして，死亡時まで日本に居住していたとします。この場合，国際私法49条2項が適用され，日本法に反致されますので（日本の通則法41条），不動産及び動産の相続は日本法に従って処理されます。

2　相　続　法

(1) 法定相続人

　相続順位は次のようになります（大韓民国民法1000条1項）

　第1順位：被相続人の直系卑属（同項1号）

　直系卑属であれば，実子，養子，婚姻中の出生子，認知された婚姻外の出生子，男女のいずれであっても相続順位に差異はありません。

　第2順位：被相続人の直系尊属（同項2号）

　第3順位：被相続人の兄弟姉妹（同項3号）

　兄弟姉妹は，被相続人に直系卑属，直系尊属，配偶者のいずれもいない場合にのみ相続人になります。

　第4順位：被相続人の4親等内の傍系血族（同項4号）

被相続人に直系卑属，直系尊属，兄弟姉妹のいずれもいないだけでなく，配偶者もいない場合に限って4親等内の傍系血族が相続人となります（大韓民国民法1003条参照）。

　配偶者：配偶者は常に第1順位の相続人となります。直系卑属や直系尊属がいる場合はそれらの者と同順位で相続人となり，直系卑属も直系尊属もいない場合には単独相続人となります（大韓民国民法1003条）。ここでいう「配偶者」とは，婚姻申告をした法律上の配偶者をいい，事実婚の配偶者は含まれません。

（2）代襲相続

　大韓民国民法において代襲相続とは，相続人となる被相続人の直系卑属又は兄弟姉妹が相続開始以前に死亡・欠格した場合，その者の直系卑属や配偶者が死亡・欠格した者の順位に代わって相続人となることをいいます。

　まず大韓民国民法1001条は，被相続人の直系卑属又は兄弟姉妹が相続開始前に死亡し，又は相続欠格となった場合，それらの者に直系卑属があるときは，その直系卑属が死亡者・欠格者の順位に代わって相続人となると規定しています。

　被代襲者は，被相続人の直系卑属又は兄弟姉妹に限られます。配偶者は，被代襲者にはなりませんが，代襲相続人になります。1003条2項は，「第1001条の場合に，相続開始以前に死亡又は欠格となった者の配偶者は，同条の規定による相続人と同順位で共同相続人となり，その相続人がいないときには，単独相続人となる」と定めています。ただし，その場合の配偶者は，法律上の婚姻をした配偶者に限られます。配偶者が死亡した後に再婚した場合は，姻戚関係は消滅しているため（775条2項），代襲相続はできません。

　なお，日本民法では，被代襲者は「被相続人の子」，代襲者は「その者の子」であり（887条2項），代襲相続は縦方向に進むだけです。これに対して，大韓民国民法の代襲相続は上記のとおり，被代襲者は直系卑属または兄弟姉妹，代襲者は直系卑属又は被代襲者の配偶者です。つまり，代襲相続は縦と横に流れるというイメージです。

大韓民国民法の代襲者は，子ではなく「直系卑属」と規定されているため（1001 条），再代襲相続も認められます。すなわち，被相続人の子に代襲原因が発生すれば孫が代襲相続し，その孫にも代襲原因が発生すれば曾孫が代襲相続します。

（3）相 続 分

相続分には，被相続人の遺言で決定される指定相続分と，法律の規定による法定相続分の 2 つがあります。被相続人が遺言で相続分を指定しなかった場合に法定相続分によることになります。

❶ 法定相続分

大韓民国民法では，同順位の相続人が数人ある場合は，その相続分はすべて均等としています（1009 条 1 項）。ただし，配偶者の相続分については 5 割を加算します（同条 2 項）。また，代襲相続人の相続分は，死亡又は欠格となった被代襲相続人の相続分となります（1010 条 1 項）。被代襲相続人の直系卑属が数人いる場合は，被代襲相続人の相続分の限度において，代襲相続人の法定相続分（1009 条）の割合によりそれぞれ算定し（1010 条 2 項前段），配偶者が代襲相続する場合も同様です（同項後段）。すなわち，同順位の代襲相続が数人いる場合の相続分は均分となり，被代襲者の配偶者の相続分は，代襲相続人である直系卑属と共同するときは直系卑属の相続分より 5 割を加算します。

❷ 法定相続分の計算例

① 被相続人の配偶者と子 1 人がいる場合

法定相続分の割合は，配偶者：子＝1.5：1（3：2）

② 被相続人の配偶者と子 2 人がいる場合

法定相続分の割合は，配偶者：子：子＝1.5：1：1（3：2：2）

③ 被相続人の配偶者，長男，すでに死亡した二男の配偶者・子がいる場合

法定相続分の割合は，配偶者：長男：亡二男＝1.5：1：1（3：2：2）となり，配偶者：長男：亡二男の配偶者：亡二男の子＝1.5：1：1.5/2.5：1/2.5

【参考文献】

大村敦志（監修）『相続法制の比較研究』269〜368頁，在日コリアン弁護士協会『第2版　Q&A　新・韓国家族法』273〜374頁，「定住外国人と家族法」研究会『第3版「在日」の家族法　Q&A〔第3版〕』219〜290頁，第一東京弁護士会人権擁護委員会国際人権部会（編）『外国人の法律相談Q&A　第四次改訂版』192〜193頁，渉外司法書士協会（編）『ケースブック　渉外相続登記の実務』146〜163頁，山北英仁『渉外不動産登記の法律と実務』215〜240頁

第8節　朝鮮民主主義人民共和国（北朝鮮）

1　国際私法

（1）準拠法に関する原則

　日本の通則法36条は「相続は，被相続人の本国法による」と規定しているため，北朝鮮の国際私法を調べます。北朝鮮の国際私法である「朝鮮民主主義人民共和国対外民事関係法」は，次のように規定しています（45条）。

　「不動産相続については，相続財産の所在する国の法を，動産相続については被相続人の本国法を適用する。ただし，外国に居住する共和国公民の動産相続については被相続人が最後に居住していた国の法を適用する。

　外国にあるわが国の公民に相続人がない場合，相続財産はその公民と最も密接な関係にあった当事者が継承する」

　したがって，被相続人が日本在住で遺産がすべて日本にある場合には，日本の通則法41条により反致され，日本の相続法によって処理すればよいことになります。

　なお，法廷地国が承認していない国家・政府であっても，国際私法上は本国法として指定し得ることは争いなく認められています。

　ただし，被相続人の国籍が大韓民国（韓国）か朝鮮民主主義人民共和国（北朝鮮）かを決定するには，外国人住民票の国籍・地域欄に「朝鮮」と記載されている場合であっても一概に判断することができないことに注意が必要です。この場合，住所，常居所，本籍地などの客観的要素のほか，本

人の帰属意識がどちらの国にあるのかなどの主観的要素も考慮して総合的に判断します。たとえば，被相続人が在日本朝鮮人総連合会（朝鮮総聯）の役員をしていたとすれば，北朝鮮籍と判断することになります。

(2) 具 体 例

在日朝鮮人が日本に不動産と動産を残して死亡した場合，被相続人の国籍が韓国，北朝鮮のいずれであるかを総合的に判断し，北朝鮮であることを確認します。そして被相続人の最後の住所及び不動産所在地が日本にあれば，不動産，動産ともに日本法を適用して処理します。

2 相 続 法

(1) 遺 言

北朝鮮相続法 37 条では，遺言の方式として自筆書面遺言（1 号），口頭遺言（2 号），録音遺言（3 号），公証遺言（4 号）の 4 つを定めています。

同法 38 条では以下のとおり規定しています。自筆書面遺言では本人の署名押印と作成日の記載が必要です。それ以外の方式では，2 名以上の立会人が参加して，内容の確認，関係者全員の署名押印，遺言日の記載・記録をすることが必要です。公証遺言では公証機関の公印を受けなければなりません。録音遺言では，立会人の言葉と遺言日の録音が必要です。立会人には，相続人・受遺者，それらの親戚，行為無能力者，相続・遺贈について利害関係を持つ者はなることができません。

(2) 相続人の相続を証する書面

朝鮮は，1910 年から 1945 年 8 月 15 日までの間，日本の植民地でした。その間の戸籍制度は 1922 年に施行されています。そして 1945 年 8 月 15 日の解放後，韓国では戸籍制度を引き継ぎましたが，北朝鮮はこの制度を廃止して公民登録制度を創設しました。そのため，北朝鮮から戸籍謄本を発行してもらうことは不可能となり，以下の証明書等が相続の証明書として認められています。

❶　被相続人死亡が記載された閉鎖外国人登録原票記載事項証明書（家族事項の記載のあるもの）

❷　韓国の戸籍謄本

　外国人登録原票記載事項証明書に本籍が韓国と記載されている場合は，朝鮮籍であっても韓国の戸籍を取得します。

❸　各 種 届 書

　日本では外国人も，出生や死亡等の報告的届出，婚姻や縁組等の創設的届出を届出人の所在地でしなければなりません（戸籍法25条2項）。その届出書の保存期間は，創設的届出は当該年度の翌年から50年，報告的届出は当該年度の翌年から10年です（同法施行規則50条2項）。この規定にかかわらず，在日朝鮮人の戸籍の届書の保存期間は「当分の間」として延長されています（昭和41年8月22日民甲第2431号民事局長通達）。したがって，現在も取得が可能です。

❹　在日本朝鮮人総聯合会発行の証明書

　北朝鮮と日本は国交がないため，在日本朝鮮人総連合会が日本国内における北朝鮮政府の準公的機関とされています。そして，在日本朝鮮人総聯合会発行の相続証明書は適法とする取扱いとなっています（昭和32年7月19日民三発第817号）。

❺　相続人の上申書

　北朝鮮政府発給の証明書は取得できないため，日本国発行の閉鎖外国人登録済証明書，外国人登録証明書によって身分関係を立証することになります。相続人全員が作成した上申書も必要です。この上申書には，権限ある機関が発行した身分関係証明書を取得できないこと，他に相続人がおらず，家族関係と相続関係の相当性があることを記載する必要があります。

(3) 相続人が消息不明の場合の処理

　相続人のうち消息不明の者がいる場合，相続人間で遺産分割協議をすることができません。特に国交がない北朝鮮との間では，外務省や民間調査機関を通した所在調査を行うことが困難であるため，①不在者財産管理人

制度，又は②失踪宣告制度を利用することが考えられます。

❶ 不在者財産管理制度の利用

　不在者の財産管理は一時的な財産保全制度であり，財産所在地の法を準拠法として処理します。財産所在地が日本である場合は，不在者の日本における最後の住所地を管轄する家庭裁判所に不在者財産管理人選任の申立てをすることができます。そして，同管理人選任後は，同管理人が不在者に代わって遺産分割協議を行うため，不在者財産管理人の権限許可を得る必要があります（日本民法 28 条）。

❷ 失踪宣告制度の利用

　不在者が生存していたと認められる最後の時点において，不在者が日本に住所を有していたとき，又は日本の国籍を有していたときは，日本の裁判所は日本法により失踪宣告をすることができます（通則法6条1項）。また，このような場合に該当しないときであっても，①不在者の財産が日本にあるときはその財産についてのみ，②不在者に関する法律関係が日本法によるべきとき，その他法律関係の性質，不在者の住所等の事情に照らして日本に関係があるときはその法律関係についてのみ，日本の裁判所は日本法により失踪宣告をすることができます（同条2項）。

【参考文献】

　「定住外国人と家族法」研究会『第 3 版 「在日」の家族法　Q&A〔第 3 版〕』250〜252 頁，第一東京弁護士会人権擁護委員会国際人権部会（編）『外国人の法律相談Q&A　第四次改訂版』194〜196 頁，渉外司法書士協会（編）『ケースブック　渉外相続登記の実務』164〜178 頁

第9節 ド イ ツ

1 国 際 私 法

（1）準拠法に関する原則

　欧州連合（EU）諸国においては，「相続事件における管轄，準拠法，裁

判の承認及び執行，公文書の受領及び執行，並びに欧州相続証明書の導入に関する 2012 年 7 月 4 日の欧州議会・理事会規則」（以下，「EU 相続規則」といいます）が，2015 年 8 月 17 日に施行されました。これは，相続に関する法の抵触規則を定めたものです。イギリス，デンマーク，アイルランドの 3 か国を除く EU 加盟国の国籍を有する被相続人については，相続の準拠法は EU 相続規則によって決められます。

　ただし，動産又は不動産に対する権利の登記，登録，その他の法律上の要件，効果は規定範囲から除外されます（同規則 1 条 2 項 1 号）。

(2) 具 体 例

　日本にある不動産を所有するドイツ人が死亡した場合には，以下のように考えます。

　まず，日本の通則法 36 条は「相続は，被相続人の本国法による」と規定していることから，被相続人がドイツ人である場合は，EU 相続規則を適用します。そして同規則 21 条 1 項は，「この規則において異なる定めがなされていない限りにおいて，全体としての死亡による権利の承継は，被相続人がその死亡時にその常居所を有していた国の法に服する」と規定しています。したがって，被相続人の最後の常居所地がドイツであれば，ドイツの法律が適用されます。さらに同規則 20 条は，「この規則によって指定された法は，それが加盟国の法でない場合でも，適用されなければならない」としていることから，被相続人であるドイツ人の死亡時の常居所地が日本であった場合，日本法が準拠法となることがあります。

(3) 例 　 外

　次の 2 つの場合には，常居所地国とは異なる国の法律が準拠法になることがあります。

　❶ 密接な関係がある国がある場合

　同規則 21 条 2 項は，死亡時に常居所があった国よりも明らかにより密接な関係を有していた国がある場合には，その国の法律を適用すると規定しています。

❷ 準拠法を選択した場合

同規則 22 条 1 項は,「人は,その死亡による権利の承継について,その者がその法選択時又はその死亡時に属している国のうちの 1 つの国の法を選択することができる」と規定しています。これは,相続の準拠法として遺言時又は死亡時の本国法を選択することを認めたものです。

また同条 2 項は,「その法選択は,死因処分の方式における意思表示において明示的に行われるか,又はそのような処分の状況から明らかになるものでなければならない」としています。

☑ キーワード解説 | 被相続人による準拠法選択

EU 相続規則では,上記のように被相続人による準拠法選択を認めています。これを認めれば,準拠法選択について被相続人の意思を尊重することができ,本国よりも密接に関係する地がある場合にはその地の法を選択することもできます。さらに,相続統一主義と相続分割主義という 2 つの準拠法決定方法の相違から生じ得る弊害を緩和できるというメリットもあります。

そのため,日本の「法の適用に関する通則法」の立法過程においても,被相続人による準拠法選択を認めるべきかどうかが法制審議会で検討されました。

しかし,結果的には以下の理由からこれを認めないこととしました。すなわち,これを認めると,本国法上の遺留分権利者の権利や債権者など利害関係人の利益が害されるおそれが生じます。また被相続人は,遺留分の点を除いては遺言によって自己の意思を実現できるのが一般的であり,それに加えて準拠法の選択まで認める必要性は高くありません。さらに,被相続人による準拠法選択を認めるとすれば,その選択が有効かどうかまで調べなければ準拠法が確定しないためです。

(小出邦夫編著『一問一答 新しい国際私法』149〜150 頁参照)

---

2 相 続 法

(1) 任意相続と法定相続

ドイツ民法典第 5 編相続編（Erbrecht）は,相続契約又は遺言による任意

相続（gewillkürte Erbfolge）と，法定相続（gesetzliche Erbfolge）の2つを規定しています。

まず，被相続人が相続契約によって相続人を指定したときは，その相続人が相続します。相続契約がない場合には，遺言により指定された相続人が相続します。これらの任意相続によらない場合，法定相続が開始することになります。

法定相続制度（1924条以下）では，法定相続人は以下の順位群（Ordnung）に分けられます。上位の順位群に相続人がいる限り，次順位の順位群の者は相続人にはなりません。1つの順位群のなかでは，親等の近い者が相続人となり，代襲相続も認められています。相続人の順位群は次のとおりです。

① 第1順位群：被相続人の直系卑属（1924条）
② 第2順位群：被相続人の両親と，その直系卑属（すなわち，被相続人の兄弟姉妹とその直系卑属）（1926条）
③ 第3順位群：被相続人の祖父母と，その直系卑属（すなわち，伯叔父母・従兄弟姉妹・その直系卑属）（1926条）
④ 第4順位群：被相続人の曾祖父母と，その直系卑属（すなわち，祖父母の兄弟姉妹である「おおおじ」や「おおおば」及びその直系卑属）

(2) 生存配偶者の法定相続分

生存配偶者の法定相続分は次のようになります。

① 第1順位群の相続人とともに相続するとき：遺産の4分の1（1931条）。夫婦財産契約がない場合に一般的に適用される法定財産制である「剰余共同制」によって，相続分は4分の1増加します（1371条）。したがって，日本民法が規定する相続分と同じになります。
② 第2順位群の相続人とともに相続するとき，または祖父母とともに相続するとき：遺産の2分の1
③ 第1順位群・第2順位群の相続人，祖父母がいずれもいないとき：遺産の全部

（3）相続人の指定

遺言または相続契約によって，遺産をまず相続すべき者（先位相続人）と，その先位相続人に次いで相続すべき者（後位相続人）を指定することができます（2100条）。

（4）遺留分（Pflichtteil）

法定相続分の2分の1が遺留分です。遺留分権利者は，直系卑属，生存配偶者，直系卑属がいない場合の両親です。夫婦財産制が剰余共同制である場合，配偶者の相続分が4分の1増加することに変わりはありません（2303条）。

なお，2010年1月1日の法改正により，遺留分権利者であっても次の者については，被相続人は相続契約又は遺言において遺留分の権利を剥奪することができることとなりました（2333条）。

① 被相続人の配偶者・子の命を狙うなどの重大な犯罪行為を犯した者
② 被相続人に対する扶養義務に故意に違反した者

（5）相続の承認及び放棄

相続人は，自己のために相続の開始があったことを知った時から6週間以内に，相続の放棄をすることができます。その場合には相続開始時に遡って相続人ではなかったものとみなされます。被相続人又は相続人が相続開始時に国外に居住していた場合には，相続放棄ができる期間は6か月となります。死因契約によって相続人になる者も，遺産裁判所から通知を受けてから同様の期間内に相続の放棄をすることができます（1944条）。

【参考文献】
村上淳一＝守矢健一，Hans—Peter Marutschke『ドイツ法入門〔改訂第9版〕』188〜192頁，大村敦志（監修）『相続法制の比較研究』1〜43頁，渉外司法書士協会（編）『ケースブック　渉外相続登記の実務』251〜262頁

1 国 際 私 法

(1) 準拠法に関する原則

　フランスにおいても，相続の準拠法は EU 相続規則によって決められます。

(2) 具 体 例

　たとえば，日本に不動産を所有するフランス人が死亡した場合には，以下のように考えます。まず，日本の通則法36条により，被相続人がフランス人である場合は，EU 相続規則を適用します。被相続人の最後の常居所地がフランスであれば，同規則21条1項によりフランス法を適用することになります。また，被相続人の最後の常居所地が日本であるが，遺言でフランスの法律を選択していた場合も，フランス法を適用します。

　いずれの場合でも，フランス法を適用する際は，フランスの公務担当者「公証人」（notaire）が作成する「公証証書」（act notarie）が必要になります。公証人の伝統的な仕事は公署証書（act authentique）を厳格な方式によって作成することですが，公証人が作成した公署証書は特に公証証書と呼ばれています。公証証書を含む公署証書には，確定日付，証拠力，執行力が付与されます。証拠力についてフランス民法典1319条は，「公署証書は，契約当事者及びその相続人又は承継者の間で，証書が含む合意について完全な証拠力を有する」と規定しています。また，執行文の付いた公署証書の謄本は，そのままで執行力を有します。

　公証人は，相続の場面においては，①被相続人の家族状況，資産状況を明らかにし，②相続税の申告書を作成して支払わせ，③遺産分割がなされるまでの間，相続財産を管理し，④遺産分割を行います。

2 相 続 法

（1）血族相続人

法定相続制度（フランス民法 734 条以下）では，血族相続人は次の 4 つの順位に分けられます。

① 第 1 順位：子及びその卑属

② 第 2 順位：父母，兄弟姉妹及びこれらの者の卑属（おい・めい）（以下，「優先傍系血族」といいます）

③ 第 3 順位：父母以外の尊属

④ 第 4 順位：兄弟姉妹及びこれらの者の卑属以外の傍系血族

配偶者がいない場合は，相続順位の高い順の者が相続し，後順位の者は相続人にはなりません。代襲相続は，第 1 順位の子及び第 2 順位の優先傍系血族の卑属に認められています。

（2）生存配偶者

フランスでは，相続における生存配偶者の地位は，2001 年の改正民法施行までは非常に脆弱でした。同民法改正や 2006 年民法改正により，居住権等を含めて生存配偶者の保護が手厚くなっています。民法上，公知証書のいずれにおいても，生存配偶者（conjoint survivant, conjointe survivante）は相続人（Héritier）とは区別されています。

血族相続人に直系卑属（子や孫）がいる場合とそれ以外で異なるため，以下では分けて説明します。

❶ 直系卑属がいる場合

すべての子が被相続人と生存配偶者の間の子である場合には，生存配偶者には，財産全体に対する用益権（usufruit）又は財産全体の 4 分の 1 の所有権のいずれかを選択する権利があります。夫婦間で生まれた子でない者が 1 人でもいる場合は，生存配偶者には上述の選択権はなく，4 分の 1 の所有権を相続します。

❷ その他の血族相続人がいる場合

被相続人に第 1 順位の直系卑属がおらず，第 2 順位の父母両方が相続

人となっている場合には，生存配偶者は2分の1の所有権を相続します。父母のいずれかのみが生存している場合は，生存配偶者が4分の3を，生存している父母が4分の1を相続します。

　第1順位の者，父母ともに生存しておらず，第2順位の優先傍系血族と生存配偶者が相続人の場合には，被相続人が父母から相続した財産を生存配偶者と優先傍系血族で二分します。

❸　内縁の者（concubin, concubine）の相続上の権利

　フランスでは，成年に達した2人が性別に関係なく，安定した持続的共同生活を営むためのPACS（Pacte Civil de Solidatité）市民連帯契約を結ぶことができます（フランス民法515条の4）。パートナーに相続法上の権利はほとんどありませんが，居住用住宅の賃借権の共同行使が認められています。これにより，一方が死亡しても他方パートナーが賃借権を主張できるほか，無償で1年間居住することもできます。

(3) 遺　留　分

　遺留分権利者は卑属と配偶者に限られています。遺留分の対象財産は，相続開始時に存在するすべての財産です（フランス民法918条以下）。

　遺留分権利者である子が1人の場合は対象財産の2分の1，子が2人の場合は3分の2，子が3人以上の場合は4分の3が遺留分となります。2006年の民法改正により，配偶者には，卑属（被相続人の前婚での子を含みます）がいない場合のみ4分の1の遺留分が認められるようになりました。

【参考文献】

　滝沢正『フランス法　第5版』292〜301頁，大村敦志（監修）『相続法制の比較研究』45〜79頁，渉外司法書士協会（編）『ケースブック　渉外相続登記の実務』263〜275頁，『国際私法判例百選［第2版］』82事件

第 11 節 ｜ ロ　シ　ア

1　国 際 私 法

(1) ロシア法の特徴

　1991年にソビエト連邦が解体してロシア連邦が成立し，社会主義が崩壊しました。また，2000年から始まったプーチン政権，特に政権の第二期以降は従来とは異なったレジームが形成されています。

　ロシアは日本と同様，さまざまな歴史的段階で外国法を継受してきました。ソビエト連邦崩壊後は，社会主義時代の「ソヴィエト法」との連続性は切れ，今日のロシア法は基本的には西欧資本主義法の系統に属する法といえます。たとえば，民法典はオランダ民法典を範として起草されています。

　もっとも，ロシアは他の西欧資本主義諸国とは異なり，法を目的達成の手段とみる道具主義的なとらえ方をしているといわれます。それは，一方で国家権力による法の選択的適用，また他方で企業など法制度の利用者による法の濫用という形で表れることがあります。

(2) 準拠法に関する原則

　ロシア国際私法は1990年，連邦法であるソビエト連邦民法の基本原理の制定により，社会主義法から大きく転換しました。そして，国際私法と相続法に関する現行民法典第3部は2001年に制定され，このうち国際私法の部分は2013年9月に大幅に改定されています。

　準拠法に関する民法典第3部第6編は，次のような原則を定めています。

　「外国人，又は外国法人が参加する民事法上の関係，その他外国的要素を含む民事法上の関係の準拠法は，民事法上の権利の目的物が国外に存在する場合を含めて，ロシア連邦の国際条約，本法典その他の法律，及びロシア連邦において認められている慣習により，決定される」（1186条1項前段）

　「本条1項にしたがって準拠法を決定できないときは，外国的要素を持

つ民事法上の当該関係がもっとも密接に関連する国の法が適用される」
（同条2項）

　「準拠法の決定にあたっての法的概念の解釈は，ロシア法による」（1187
条1項）ただし，「その概念がロシア法に知られていない場合には，外国法
を適用することもできる」（同条2項）

　以上でみるように，ロシア法は反致に慎重な立場をとっています。

(3) 強 行 規 定

　民法典第3部が定める準拠法決定の上記諸規定は，ロシア法の強行規定
には影響しないとされます（1192条1項）。しかし，ロシアの裁判所は外国
の強行規定について，当該問題に密接に関係する外国の強行規定を「考慮
に入れることができる」にとどまっています（同条2項）。

　強行規定に関するこの規定は，ローマ条約（現EU規則）7条に基づいて
いるとされます。EU規則によれば，各国の「特別強行適用法規」が適用
されるのは，その国の政治，経済体制などの公的利益保護の目的で，合意
した準拠法を排除する必要がある場合に限定しています。これに対してロ
シア民法典は，一般的な強行規定と特別な強行規定を区別せずに，当事者
が選択した法を強行規定が一般的に排除できると定めています。しかもロ
シア法の強行規定は，公序にかかわる場合だけでなく，「民事取引の参加
者の権利と法的利益を保護するため」にも適用されます。EU規則と異な
り，ロシア法の強行規定は当事者による準拠法選択の余地を著しく制限す
るものです。

(4) 公　　　序

　準拠法とされた外国法の規定は，それが「ロシア連邦の法秩序の基礎
（公序）」に明らかに反するときは適用されません（1193条）。ただ，公序を
理由とする外国法適用の排除がしばしば濫用されたため，2013年改正では
同条に以下の規定が追加されています。「外国法の適用は，当該外国国家
の法的，政治的，又は経済的な制度がロシア連邦のそれと異なることのみ
を理由としては拒絶されない」（同条2項）

2　適用される法

（1）自然人の従属法

　自然人の従属法は，その者の国籍がある国の法であり（1195 条 1 項），ロシア国籍及び他国籍を併せ持つ自然人の従属法はロシア法です（同条 2 項）。ロシアに住所を持つ外国人の従属法はロシア法とされます（同条 3 項）。自然人の権利能力と行為能力は，その者の従属法にしたがって決定されます（1196 条 1 項，1197 条 1 項）。

（2）物権に適用される法

　所有権その他の物権の内容・その行使・擁護は，その財産の所在国の法によって決定されます。その財産が不動産，動産のいずれとして扱われるかも，その所在国の法によって定められます（1205 条）。

（3）不動産に適用される法

　不動産については，その所在国の法が適用されるほか，ロシアの国家登記簿に登記された不動産にはロシア法が適用されます（1209 条 4 項）。

（4）契約に適用される法

　契約の当事者は，契約締結の際又は契約締結後の合意により，その契約に関する権利義務に適用される法を選択することができます（1210 条 1 項）。このような準拠法の選択の合意は，契約に直接定められるか，契約の条件又は事案の事情全体から明確に導き出されるものでなければなりません。（同条 2 項）。契約締結後の合意には遡及効がありますが，第三者の権利を損なってはならず，また契約の方式の有効性には影響しません（同条 3 項）。

　契約当事者間に準拠法の合意がない場合は，民法典その他の法律に別段の定めがない限り，契約締結時に契約内容について決定的な行為をする当事者の住所又は活動の本拠地の法が適用されます（1211 条 1 項）。「契約内容について決定的な行為をする当事者」とは，売買契約の売主，賃貸借契約の賃貸人，委任契約の代理人などです。

（5）不法行為から生じた債務に適用される法

　不法行為から生じた債務については，その行為が行われた場所，又は損害賠償請求権発生に寄与したその他の事実が生じた場所の法が適用されます。他国で損害が発生した場合には，損害を発生させた者が，損害が当該国で発生することを予見し，又は予見し得べきときは，損害発生国の法が適用されます（1219条1項）。

【参考文献】

小田博『ロシア法』351〜362 頁

第12節 ｜ 生存配偶者保護についての各国法制

　2018 年の日本民法改正（相続法改正）では，生存配偶者の権利拡大，特に相続時における居住権保護（配偶者居住権及び配偶者短期居住権等）が目玉のひとつとされました。

　これは生存配偶者の生活環境・生活条件の維持が必要とされてきたという立法事実（法律を制定する場合の基礎を形成し，かつその合理性を支える社会的・経済的・政治的・科学的事実）に基づくものです。

　それと同時に，改正法の立案過程では各国の相続法も参照され，2014 年には「各国の相続法制に関する調査研究業務報告書」として公表されています。2020 年 7 月，この報告書の内容をまとめた大村敦志監修『相続法制の比較研究』（商事法務，2020 年）が刊行されました。

　以下では，生存配偶者保護についての各国法制の概要を，同書に基づいてご紹介します。

1　ヨーロッパ諸国の相続法改正の傾向

　従来，相続は「次世代への遺産継承」であり，「家族」内に遺産をとどめなければならないものと考えられてきました。しかし今日では，「家族」より

も夫婦関係がより重要な意味を持つようになっているという指摘があります。つまり，成人の子はすでに独り立ちして経済的に自立しているので，被相続人と生計をともにしてきた配偶者の生活を守ることをまず優先すべきである，子は配偶者からの相続という形で遺産の取得を待てばよい，とする考え方です。このような傾向を受けて，ヨーロッパ諸国における近時の相続法改正には，「配偶者相続権の強化」という傾向が顕著にみられます。

2 フランス

　フランスでは，2001 年 12 月 3 日法律により，生存配偶者の相続上の権利が強化されています。すなわち，生存配偶者に対して，住居に対する一時的な権利，終身の権利という 2 種類の権利を保障するとともに，賃借権の優先的帰属及び遺産分割における優先分与を認めています。ここでは，「血族から婚姻へ」という家族像の変化が読み取れます。

(1) 1 年間の無償の居住権

　763 条 1 項は，生存配偶者に 1 年間，住宅及び住宅に備え付けられた動産に対する無償享有権を認めています。この権利は，相続上の権利ではなく婚姻の直接の効果とみなされています（同条 3 項）。本条は強行規定です（同条 4 項）。

(2) 終身の居住権

　764 条 1 項は，生存配偶者に対する終身の居住権，及び住居に備え付けられた動産の使用権を認めています。763 条の権利とは異なり，居住権及び使用権の価額は，配偶者が受け取る相続権の価額から控除されます（765 条 1 項）。もっとも，居住権及び使用権の価額が相続権の価額よりも大きい場合でも，配偶者は剰余部分に対する償還義務は負いません（同条 3 項）。

(3) 賃借権の帰属

　生存配偶者以外の相続人は，生存配偶者が明示的に放棄した場合を除い

て，賃借権に対していかなる権利も有しません（1751条3項）。

（4）遺産分割における優先分与

遺産分割の際，生存配偶者が実際に居住のために用いている建物及び建物に備え付けた動産の所有権又は賃借権に対して，生存配偶者には優先分与権が認められています（831条の2）。

3 オランダ

オランダでは，生存配偶者の権利拡大の傾向が特に顕著です。

（1）すべての遺産の取得

従来から生存配偶者は，子とともに第一順位の相続人でした。しかし2003年の法改正により，生存配偶者が消極財産を含むすべての遺産を取得し，子は自己の相続分に相当する金銭を生存配偶者に対し請求できることとされました（Art.4：13）。

（2）6か月の住居利用権

生存配偶者は，被相続人と死亡時まで同居していた住居（家財道具を含む）について，6か月の利用権を有します。この間，受遺者等は住居を処分することができません（Art.4：29）。

4 アメリカ

連邦制をとるアメリカでは，州ごとに家族のあり方に対する意識は異なっており，州によって家族法，相続法の内容は区々です。そのため，1969年に公表された統一検認法典（Uniform Probate Code, UPC）による相続法制の統一が図られています。UPCを採用している州は現在19州あります。

(1) 家産の確保

　ほぼすべての州において，生存配偶者と未成年の子らには，被相続人の債権者の請求から免れて家族住居の保証を認める家産権法（homestead law）が置かれています。

　各州法の内容は多様ですが，生存配偶者にはその生存中，家族住居（又は家族農場）を占有できる権利を与えるというのが一般的です。

(2) 家族手当

　すべての州において，遺産から生存配偶者（及び未成熟子）に扶養料を付与する権限が裁判所に認められています。この家族手当は，典型的には1年間与えられます。

　また一般的には，配偶者の生活水準と結びついた「相当の家族手当（reasonable allowance）」というように規定されています。

(3) 免除財産

　生存配偶者や子らには，被相続人が所有していた動産を一定額まで取得する権利が認められる場合もあります。

5　台　　湾

　上記諸国とは対照的に，台湾では，生存配偶者の居住権保護についてほとんど議論されていません。個々の事案において裁判官が遺産分割方法を工夫して配偶者の保護を図るにとどまっています。それは以下の理由からです。

　まず，生存配偶者と共同相続人になった子は，遺産分割のために生存配偶者の住居を売却するということがほとんどありません。台湾の社会では，「父母が生存すれば，子どもが家産を分割してはならない」という伝統的な認識が浸透しています。

　また，2009年の物権法改正の際，824条3項は全面価格賠償を認めるようになりました。そのため，遺産分割事件において，たとえば建物を生存配偶者に帰属させるとともに，当該生存配偶者が他の共同相続人に持分の価格を

賠償することが可能となりました。

資　料

法の適用に関する通則法

（平成 18 年法律第 78 号）

第 1 章　総則

（趣旨）

第 1 条　この法律は，法の適用に関する通則について定めるものとする。

第 2 章　法律に関する通則

（法律の施行期日）

第 2 条　法律は，公布の日から起算して 20 日を経過した日から施行する。ただし，法律でこれと異なる施行期日を定めたときは，その定めによる。

（法律と同一の効力を有する慣習）

第 3 条　公の秩序又は善良の風俗に反しない慣習は，法令の規定により認められたもの又は法令に規定されていない事項に関するものに限り，法律と同一の効力を有する。

第 3 章　準拠法に関する通則

第 1 節　人

（人の行為能力）

第 4 条　人の行為能力は，その本国法によって定める。

2　法律行為をした者がその本国法によれば行為能力の制限を受けた者となるときであっても行為地法によれば行為能力者となるべきときは，当該法律行為の当時そのすべての当事者が法を同じくする地に在った場合に限り，当該法律行為をした者は，前項の規定にかかわらず，行為能力者とみなす。

3　前項の規定は，親族法又は相続法の規定によるべき法律行為及び行為地と法を異にする地に在る不動産に関する法律行為については，適用しない。

（後見開始の審判等）

第 5 条　裁判所は，成年被後見人，被保佐人又は被補助人となるべき者が日本に住所若しくは居所を有するとき又は日本の国籍を有するときは，日本法により，後見開始，保佐開始又は補助開始の審判（以下「後見開始の審判等」と総称する。）をすることができる。

（失踪の宣告）

第 6 条　裁判所は，不在者が生存していたと認められる最後の時点において，不在者が日

本に住所を有していたとき又は日本の国籍を有していたときは，日本法により，失踪そ
うの宣告をすることができる。

2　前項に規定する場合に該当しないときであっても，裁判所は，不在者の財産が日本に
在るときはその財産についてのみ，不在者に関する法律関係が日本法によるべきときそ
の他法律関係の性質，当事者の住所又は国籍その他の事情に照らして日本に関係がある
ときはその法律関係についてのみ，日本法により，失踪の宣告をすることができる。

第2節　法律行為

（当事者による準拠法の選択）

第7条　法律行為の成立及び効力は，当事者が当該法律行為の当時に選択した地の法によ
る。

（当事者による準拠法の選択がない場合）

第8条　前条の規定による選択がないときは，法律行為の成立及び効力は，当該法律行為
の当時において当該法律行為に最も密接な関係がある地の法による。

2　前項の場合において，法律行為において特徴的な給付を当事者の一方のみが行うもの
であるときは，その給付を行う当事者の常居所地法（その当事者が当該法律行為に関係
する事業所を有する場合にあっては当該事業所の所在地の法，その当事者が当該法律行
為に関係する2以上の事業所で法を異にする地に所在するものを有する場合にあっては
その主たる事業所の所在地の法）を当該法律行為に最も密接な関係がある地の法と推定
する。

3　第1項の場合において，不動産を目的物とする法律行為については，前項の規定にか
かわらず，その不動産の所在地法を当該法律行為に最も密接な関係がある地の法と推定
する。

（当事者による準拠法の変更）

第9条　当事者は，法律行為の成立及び効力について適用すべき法を変更することができ
る。ただし，第三者の権利を害することとなるときは，その変更をその第三者に対抗す
ることができない。

（法律行為の方式）

第10条　法律行為の方式は，当該法律行為の成立について適用すべき法（当該法律行為
の後に前条の規定による変更がされた場合にあっては，その変更前の法）による。

2　前項の規定にかかわらず，行為地法に適合する方式は，有効とする。

3　法を異にする地に在る者に対してされた意思表示については，前項の規定の適用に当
たっては，その通知を発した地を行為地とみなす。

4　法を異にする地に在る者の間で締結された契約の方式については，前2項の規定は，
適用しない。この場合においては，第1項の規定にかかわらず，申込みの通知を発した
地の法又は承諾の通知を発した地の法のいずれかに適合する契約の方式は，有効とする。

5　前3項の規定は，動産又は不動産に関する物権及びその他の登記をすべき権利を設定

し又は処分する法律行為の方式については，適用しない。

（消費者契約の特例）

第 11 条　消費者（個人（事業として又は事業のために契約の当事者となる場合におけるものを除く。）をいう。以下この条において同じ。）と事業者（法人その他の社団又は財団及び事業として又は事業のために契約の当事者となる場合における個人をいう。以下この条において同じ。）との間で締結される契約（労働契約を除く。以下この条において「消費者契約」という。）の成立及び効力について第 7 条又は第 9 条の規定による選択又は変更により適用すべき法が消費者の常居所地法以外の法である場合であっても，消費者がその常居所地法中の特定の強行規定を適用すべき旨の意思を事業者に対し表示したときは，当該消費者契約の成立及び効力に関しその強行規定の定める事項については，その強行規定をも適用する。

2　消費者契約の成立及び効力について第 7 条の規定による選択がないときは，第 8 条の規定にかかわらず，当該消費者契約の成立及び効力は，消費者の常居所地法による。

3　消費者契約の成立について第 7 条の規定により消費者の常居所地法以外の法が選択された場合であっても，当該消費者契約の方式について消費者がその常居所地法中の特定の強行規定を適用すべき旨の意思を事業者に対し表示したときは，前条第 1 項，第 2 項及び第 4 項の規定にかかわらず，当該消費者契約の方式に関しその強行規定の定める事項については，専らその強行規定を適用する。

4　消費者契約の成立について第 7 条の規定により消費者の常居所地法が選択された場合において，当該消費者契約の方式について消費者が専らその常居所地法によるべき旨の意思を事業者に対し表示したときは，前条第 2 項及び第 4 項の規定にかかわらず，当該消費者契約の方式は，専ら消費者の常居所地法による。

5　消費者契約の成立について第 7 条の規定による選択がないときは，前条第 1 項，第 2 項及び第 4 項の規定にかかわらず，当該消費者契約の方式は，消費者の常居所地法による。

6　前各項の規定は，次のいずれかに該当する場合には，適用しない。

　　一　事業者の事業所で消費者契約に関係するものが消費者の常居所地と法を異にする地に所在した場合であって，消費者が当該事業所の所在地と法を同じくする地に赴いて当該消費者契約を締結したとき。ただし，消費者が，当該事業者から，当該事業所の所在地と法を同じくする地において消費者契約を締結することについての勧誘をその常居所地において受けていたときを除く。

　　二　事業者の事業所で消費者契約に関係するものが消費者の常居所地と法を異にする地に所在した場合であって，消費者が当該事業所の所在地と法を同じくする地において当該消費者契約に基づく債務の全部の履行を受けたとき，又は受けることとされていたとき。ただし，消費者が，当該事業者から，当該事業所の所在地と法を同じくする地において債務の全部の履行を受けることについての勧誘をその常居所地において受

けていたときを除く。

　三　消費者契約の締結の当時，事業者が，消費者の常居所を知らず，かつ，知らなかっ
　　たことについて相当の理由があるとき。

　四　消費者契約の締結の当時，事業者が，その相手方が消費者でないと誤認し，かつ，
　　誤認したことについて相当の理由があるとき。

（労働契約の特例）

第12条　労働契約の成立及び効力について第7条又は第9条の規定による選択又は変更
により適用すべき法が当該労働契約に最も密接な関係がある地の法以外の法である場合
であっても，労働者が当該労働契約に最も密接な関係がある地の法中の特定の強行規定
を適用すべき旨の意思を使用者に対し表示したときは，当該労働契約の成立及び効力に
関しその強行規定の定める事項については，その強行規定をも適用する。

2　前項の規定の適用に当たっては，当該労働契約において労務を提供すべき地の法（そ
の労務を提供すべき地を特定することができない場合にあっては，当該労働者を雇い入
れた事業所の所在地の法。次項において同じ。）を当該労働契約に最も密接な関係があ
る地の法と推定する。

3　労働契約の成立及び効力について第7条の規定による選択がないときは，当該労働契
約の成立及び効力については，第8条第2項の規定にかかわらず，当該労働契約におい
て労務を提供すべき地の法を当該労働契約に最も密接な関係がある地の法と推定する。

第3節　物権等

（物権及びその他の登記をすべき権利）

第13条　動産又は不動産に関する物権及びその他の登記をすべき権利は，その目的物の
所在地法による。

2　前項の規定にかかわらず，同項に規定する権利の得喪は，その原因となる事実が完成
した当時におけるその目的物の所在地法による。

第4節　債権

（事務管理及び不当利得）

第14条　事務管理又は不当利得によって生ずる債権の成立及び効力は，その原因となる
事実が発生した地の法による。

（明らかにより密接な関係がある地がある場合の例外）

第15条　前条の規定にかかわらず，事務管理又は不当利得によって生ずる債権の成立及
び効力は，その原因となる事実が発生した当時において当事者が法を同じくする地に常
居所を有していたこと，当事者間の契約に関連して事務管理が行われ又は不当利得が生
じたことその他の事情に照らして，明らかに同条の規定により適用すべき法の属する地
よりも密接な関係がある他の地があるときは，当該他の地の法による。

（当事者による準拠法の変更）

第16条　事務管理又は不当利得の当事者は，その原因となる事実が発生した後において，

事務管理又は不当利得によって生ずる債権の成立及び効力について適用すべき法を変更することができる。ただし，第三者の権利を害することとなるときは，その変更をその第三者に対抗することができない。

（不法行為）

第 17 条　不法行為によって生ずる債権の成立及び効力は，加害行為の結果が発生した地の法による。ただし，その地における結果の発生が通常予見することのできないものであったときは，加害行為が行われた地の法による。

（生産物責任の特例）

第 18 条　前条の規定にかかわらず，生産物（生産され又は加工された物をいう。以下この条において同じ。）で引渡しがされたものの瑕疵により他人の生命，身体又は財産を侵害する不法行為によって生ずる生産業者（生産物を業として生産し，加工し，輸入し，輸出し，流通させ，又は販売した者をいう。以下この条において同じ。）又は生産物にその生産業者と認めることができる表示をした者（以下この条において「生産業者等」と総称する。）に対する債権の成立及び効力は，被害者が生産物の引渡しを受けた地の法による。ただし，その地における生産物の引渡しが通常予見することのできないものであったときは，生産業者等の主たる事業所の所在地の法（生産業者等が事業所を有しない場合にあっては，その常居所地法）による。

（名誉又は信用の毀損の特例）

第 19 条　第 17 条の規定にかかわらず，他人の名誉又は信用を毀損する不法行為によって生ずる債権の成立及び効力は，被害者の常居所地法（被害者が法人その他の社団又は財団である場合にあっては，その主たる事業所の所在地の法）による。

（明らかにより密接な関係がある地がある場合の例外）

第 20 条　前 3 条の規定にかかわらず，不法行為によって生ずる債権の成立及び効力は，不法行為の当時において当事者が法を同じくする地に常居所を有していたこと，当事者間の契約に基づく義務に違反して不法行為が行われたことその他の事情に照らして，明らかに前 3 条の規定により適用すべき法の属する地よりも密接な関係がある他の地があるときは，当該他の地の法による。

（当事者による準拠法の変更）

第 21 条　不法行為の当事者は，不法行為の後において，不法行為によって生ずる債権の成立及び効力について適用すべき法を変更することができる。ただし，第三者の権利を害することとなるときは，その変更をその第三者に対抗することができない。

（不法行為についての公序による制限）

第 22 条　不法行為について外国法によるべき場合において，当該外国法を適用すべき事実が日本法によれば不法とならないときは，当該外国法に基づく損害賠償その他の処分の請求は，することができない。

2　不法行為について外国法によるべき場合において，当該外国法を適用すべき事実が当

該外国法及び日本法により不法となるときであっても，被害者は，日本法により認められる損害賠償その他の処分でなければ請求することができない。

（債権の譲渡）

第23条　債権の譲渡の債務者その他の第三者に対する効力は，譲渡に係る債権について適用すべき法による。

第5節　親族

（婚姻の成立及び方式）

第24条　婚姻の成立は，各当事者につき，その本国法による。

2　婚姻の方式は，婚姻挙行地の法による。

3　前項の規定にかかわらず，当事者の一方の本国法に適合する方式は，有効とする。ただし，日本において婚姻が挙行された場合において，当事者の一方が日本人であるときは，この限りでない。

（婚姻の効力）

第25条　婚姻の効力は，夫婦の本国法が同一であるときはその法により，その法がない場合において夫婦の常居所地法が同一であるときはその法により，そのいずれの法もないときは夫婦に最も密接な関係がある地の法による。

（夫婦財産制）

第26条　前条の規定は，夫婦財産制について準用する。

2　前項の規定にかかわらず，夫婦が，その署名した書面で日付を記載したものにより，次に掲げる法のうちいずれの法によるべきかを定めたときは，夫婦財産制は，その法による。この場合において，その定めは，将来に向かってのみその効力を生ずる。

一　夫婦の一方が国籍を有する国の法

二　夫婦の一方の常居所地法

三　不動産に関する夫婦財産制については，その不動産の所在地法

3　前2項の規定により外国法を適用すべき夫婦財産制は，日本においてされた法律行為及び日本に在る財産については，善意の第三者に対抗することができない。この場合において，その第三者との間の関係については，夫婦財産制は，日本法による。

4　前項の規定にかかわらず，第1項又は第2項の規定により適用すべき外国法に基づいてされた夫婦財産契約は，日本においてこれを登記したときは，第三者に対抗することができる。

（離婚）

第27条　第25条の規定は，離婚について準用する。ただし，夫婦の一方が日本に常居所を有する日本人であるときは，離婚は，日本法による。

（嫡出である子の親子関係の成立）

第28条　夫婦の一方の本国法で子の出生の当時におけるものにより子が嫡出となるべきときは，その子は，嫡出である子とする。

2　夫が子の出生前に死亡したときは，その死亡の当時における夫の本国法を前項の夫の本国法とみなす。

（嫡出でない子の親子関係の成立）

第29条　嫡出でない子の親子関係の成立は，父との間の親子関係については子の出生の当時における父の本国法により，母との間の親子関係についてはその当時における母の本国法による。この場合において，子の認知による親子関係の成立については，認知の当時における子の本国法によればその子又は第三者の承諾又は同意があることが認知の要件であるときは，その要件をも備えなければならない。

2　子の認知は，前項前段の規定により適用すべき法によるほか，認知の当時における認知する者又は子の本国法による。この場合において，認知する者の本国法によるときは，同項後段の規定を準用する。

3　父が子の出生前に死亡したときは，その死亡の当時における父の本国法を第1項の父の本国法とみなす。前項に規定する者が認知前に死亡したときは，その死亡の当時におけるその者の本国法を同項のその者の本国法とみなす。

（準正）

第30条　子は，準正の要件である事実が完成した当時における父若しくは母又は子の本国法により準正が成立するときは，嫡出子の身分を取得する。

2　前項に規定する者が準正の要件である事実の完成前に死亡したときは，その死亡の当時におけるその者の本国法を同項のその者の本国法とみなす。

（養子縁組）

第31条　養子縁組は，縁組の当時における養親となるべき者の本国法による。この場合において，養子となるべき者の本国法によればその者若しくは第三者の承諾若しくは同意又は公的機関の許可その他の処分があることが養子縁組の成立の要件であるときは，その要件をも備えなければならない。

2　養子とその実方の血族との親族関係の終了及び離縁は，前項前段の規定により適用すべき法による。

（親子間の法律関係）

第32条　親子間の法律関係は，子の本国法が父又は母の本国法（父母の一方が死亡し，又は知れない場合にあっては，他の一方の本国法）と同一である場合には子の本国法により，その他の場合には子の常居所地法による。

（その他の親族関係等）

第33条　第24条から前条までに規定するもののほか，親族関係及びこれによって生ずる権利義務は，当事者の本国法によって定める。

（親族関係についての法律行為の方式）

第34条　第25条から前条までに規定する親族関係についての法律行為の方式は，当該法律行為の成立について適用すべき法による。

2　前項の規定にかかわらず，行為地法に適合する方式は，有効とする。

（後見等）

第35条　後見，保佐又は補助（以下「後見等」と総称する。）は，被後見人，被保佐人又は被補助人（次項において「被後見人等」と総称する。）の本国法による。

2　前項の規定にかかわらず，外国人が被後見人等である場合であって，次に掲げるときは，後見人，保佐人又は補助人の選任の審判その他の後見等に関する審判については，日本法による。

　一　当該外国人の本国法によればその者について後見等が開始する原因がある場合であって，日本における後見等の事務を行う者がないとき。

　二　日本において当該外国人について後見開始の審判等があったとき。

第6節　相続

（相続）

第36条　相続は，被相続人の本国法による。

（遺言）

第37条　遺言の成立及び効力は，その成立の当時における遺言者の本国法による。

2　遺言の取消しは，その当時における遺言者の本国法による。

第7節　補則

（本国法）

第38条　当事者が2以上の国籍を有する場合には，その国籍を有する国のうちに当事者が常居所を有する国があるときはその国の法を，その国籍を有する国のうちに当事者が常居所を有する国がないときは当事者に最も密接な関係がある国の法を当事者の本国法とする。ただし，その国籍のうちのいずれかが日本の国籍であるときは，日本法を当事者の本国法とする。

2　当事者の本国法によるべき場合において，当事者が国籍を有しないときは，その常居所地法による。ただし，第25条（第26条第1項及び第27条において準用する場合を含む。）及び第32条の規定の適用については，この限りでない。

3　当事者が地域により法を異にする国の国籍を有する場合には，その国の規則に従い指定される法（そのような規則がない場合にあっては，当事者に最も密接な関係がある地域の法）を当事者の本国法とする。

（常居所地法）

第39条　当事者の常居所地法によるべき場合において，その常居所が知れないときは，その居所地法による。ただし，第25条（第26条第1項及び第27条において準用する場合を含む。）の規定の適用については，この限りでない。

（人的に法を異にする国又は地の法）

第40条　当事者が人的に法を異にする国の国籍を有する場合には，その国の規則に従い指定される法（そのような規則がない場合にあっては，当事者に最も密接な関係がある

法）を当事者の本国法とする。

2　前項の規定は，当事者の常居所地が人的に法を異にする場合における当事者の常居所地法で第25条（第26条第1項及び第27条において準用する場合を含む。），第26条第2項第2号，第32条又は第38条第2項の規定により適用されるもの及び夫婦に最も密接な関係がある地が人的に法を異にする場合における夫婦に最も密接な関係がある地の法について準用する。

（反致）

第41条　当事者の本国法によるべき場合において，その国の法に従えば日本法によるべきときは，日本法による。ただし，第25条（第26条第1項及び第27条において準用する場合を含む。）又は第32条の規定により当事者の本国法によるべき場合は，この限りでない。

（公序）

第42条　外国法によるべき場合において，その規定の適用が公の秩序又は善良の風俗に反するときは，これを適用しない。

（適用除外）

第43条　この章の規定は，夫婦，親子その他の親族関係から生ずる扶養の義務については，適用しない。ただし，第39条本文の規定の適用については，この限りでない。

2　この章の規定は，遺言の方式については，適用しない。ただし，第38条第2項本文，第39条本文及び第40条の規定の適用については，この限りでない。

附　則（抄）

（施行期日）

第1条　この法律は，公布の日から起算して1年を超えない範囲内において政令で定める日から施行する。

（経過措置）

第2条　改正後の法の適用に関する通則法（以下「新法」という。）の規定は，次条の規定による場合を除き，この法律の施行の日（以下「施行日」という。）前に生じた事項にも適用する。

第3条　施行日前にされた法律行為の当事者の能力については，新法第4条の規定にかかわらず，なお従前の例による。

2　施行日前にされた申立てに係る後見開始の審判等及び失踪の宣告については，新法第5条及び第6条の規定にかかわらず，なお従前の例による。

3　施行日前にされた法律行為の成立及び効力並びに方式については，新法第8条から第12条までの規定にかかわらず，なお従前の例による。

4　施行日前にその原因となる事実が発生した事務管理及び不当利得並びに施行日前に加害行為の結果が発生した不法行為によって生ずる債権の成立及び効力については，新法

第 15 条から第 21 条までの規定にかかわらず，なお従前の例による。

5　施行日前にされた債権の譲渡の債務者その他の第三者に対する効力については，新法第 23 条の規定にかかわらず，なお従前の例による。

6　施行日前にされた親族関係（改正前の法例第 14 条から第 21 条までに規定する親族関係を除く。）についての法律行為の方式については，新法第 34 条の規定にかかわらず，なお従前の例による。

7　施行日前にされた申立てに係る後見人，保佐人又は補助人の選任の審判その他の後見等に関する審判については，新法第 35 条第 2 項の規定にかかわらず，なお従前の例による。

遺言の方式の準拠法に関する法律

（昭和 39 年法律第 100 号）

（趣旨）

第 1 条　この法律は，遺言の方式の準拠法に関し必要な事項を定めるものとする。

（準拠法）

第 2 条　遺言は，その方式が次に掲げる法のいずれかに適合するときは，方式に関し有効とする。

　一　行為地法

　二　遺言者が遺言の成立又は死亡の当時国籍を有した国の法

　三　遺言者が遺言の成立又は死亡の当時住所を有した地の法

　四　遺言者が遺言の成立又は死亡の当時常居所を有した地の法

　五　不動産に関する遺言について，その不動産の所在地法

第 3 条　遺言を取り消す遺言については，前条の規定によるほか，その方式が，従前の遺言を同条の規定により有効とする法のいずれかに適合するときも，方式に関し有効とする。

（共同遺言）

第 4 条　前 2 条の規定は，2 人以上の者が同一の証書でした遺言の方式についても，適用する。

（方式の範囲）

第 5 条　遺言者の年齢，国籍その他の人的資格による遺言の方式の制限は，方式の範囲に属するものとする。遺言が有効であるために必要とされる証人が有すべき資格についても，同様とする。

（本国法）

第 6 条　遺言者が地域により法を異にする国の国籍を有した場合には，第 2 条第 2 号の規定の適用については，その国の規則に従い遺言者が属した地域の法を，そのような規則がないときは遺言者が最も密接な関係を有した地域の法を，遺言者が国籍を有した国の法とする。

（住所地法）

第 7 条　第 2 条第 3 号の規定の適用については，遺言者が特定の地に住所を有したかどうかは，その地の法によつて定める。

2　第 2 条第 3 号の規定の適用については，遺言の成立又は死亡の当時における遺言者の住所が知れないときは，遺言者がその当時居所を有した地の法を遺言者がその当時住所を有した地の法とする。

（公序）

第 8 条　外国法によるべき場合において，その規定の適用が明らかに公の秩序に反すると

きは，これを適用しない。

附　則（抄）

（施行期日）

1　この法律は，遺言の方式に関する法律の抵触に関する条約が日本国について効力を生ずる日から施行する。

（経過規定）

2　この法律は，この法律の施行前に成立した遺言についても，適用する。ただし，遺言者がこの法律の施行前に死亡した場合には，その遺言については，なお従前の例による。

附　則（平成 18 年 6 月 21 日法律第 78 号）（抄）

（施行期日）

第 1 条　この法律は，公布の日から起算して 1 年を超えない範囲内において政令で定める日から施行する。

扶養義務の準拠法に関する法律

（昭和 61 年法律第 84 号）

（趣旨）

第1条　この法律は，夫婦，親子その他の親族関係から生ずる扶養の義務（以下「扶養義務」という。）の準拠法に関し必要な事項を定めるものとする。

（準拠法）

第2条　扶養義務は，扶養権利者の常居所地法によつて定める。ただし，扶養権利者の常居所地法によればその者が扶養義務者から扶養を受けることができないときは，当事者の共通本国法によつて定める。

2　前項の規定により適用すべき法によれば扶養権利者が扶養義務者から扶養を受けることができないときは，扶養義務は，日本法によつて定める。

（傍系親族間及び姻族間の扶養義務の準拠法の特例）

第3条　傍系親族間又は姻族間の扶養義務は，扶養義務者が，当事者の共通本国法によれば扶養権利者に対して扶養をする義務を負わないことを理由として異議を述べたときは，前条の規定にかかわらず，その法によつて定める。当事者の共通本国法がない場合において，扶養義務者が，その者の常居所地法によれば扶養権利者に対して扶養をする義務を負わないことを理由として異議を述べたときも，同様とする。

2　前項の規定は，子に対する扶養義務の準拠法に関する条約（昭和 52 年条約第 8 号）が適用される場合には，適用しない。

（離婚をした当事者間等の扶養義務の準拠法についての特則）

第4条　離婚をした当事者間の扶養義務は，第二条の規定にかかわらず，その離婚について適用された法によつて定める。

2　前項の規定は，法律上の別居をした夫婦間及び婚姻が無効とされ，又は取り消された当事者間の扶養義務について準用する。

（公的機関の費用償還を受ける権利の準拠法）

第5条　公的機関が扶養権利者に対して行つた給付について扶養義務者からその費用の償還を受ける権利は，その機関が従う法による。

（扶養義務の準拠法の適用範囲）

第6条　扶養権利者のためにその者の扶養を受ける権利を行使することができる者の範囲及びその行使をすることができる期間並びに前条の扶養義務者の義務の限度は，扶養義務の準拠法による。

（常居所地法及び本国法）

第7条　当事者が，地域的に，若しくは人的に法を異にする国に常居所を有し，又はその国の国籍を有する場合には，第2条第1項及び第3条第1項の規定の適用については，その国の規則に従い指定される法を，そのような規則がないときは当事者に最も密接な関

205

係がある法を，当事者の常居所地法又は本国法とする。

（公序）

第8条 外国法によるべき場合において，その規定の適用が明らかに公の秩序に反するときは，これを適用しない。

2 扶養の程度は，適用すべき外国法に別段の定めがある場合においても，扶養権利者の需要及び扶養義務者の資力を考慮して定める。

附　則（抄）

（施行期日）

1 この法律は，扶養義務の準拠法に関する条約が日本国について効力を生ずる日から施行する。

（経過措置）

2 この法律の施行前の期間に係る扶養義務については，なお従前の例による。

附　則（平成18年6月21日法律第78号）（抄）

（施行期日）

第1条 この法律は，公布の日から起算して1年を超えない範囲内において政令で定める日から施行する。

社会保障に関する日本国とカナダとの間の協定

日本国及びカナダは，社会保障の分野における両国間の関係を規律することを希望して，次のとおり協定した。

第1条　目的

1　この協定は，日本国とカナダとの間の人の移動を促進するため，それぞれの国において有効な社会保障制度を適切に適用するとともに，適当な場合には，給付を受ける権利を確立することを目的とする。

2　両締約国は，1の目的を最大限に達成することを約束する。

第2条　定義

1　この協定の適用上，

(a)　「領域」とは，日本国については，日本国の領域をいい，カナダについては，カナダの領域をいう。

(b)　「国民」とは，日本国については，日本国の国籍に関する法律にいう日本国民をいい，カナダについては，市民権法にいうカナダ市民をいう。

(c)　「法令」とは，日本国については，次条1（a）に掲げる日本国の年金制度に関する日本国の法律及び規則（この協定と同種の社会保障に関する他の協定の実施のために定めたものを除く。）をいい，カナダについては，次条1（b）に掲げるカナダの法律及び規則をいう。

(d)　「権限のある当局」とは，日本国については，次条1（a）に掲げる日本国の年金制度を管轄する政府機関をいい，カナダについては，次条1（b）に掲げるカナダの法律及び規則の適用に責任を有する大臣をいう。

(e)　「実施機関」とは，日本国については，次条1（a）に掲げる日本国の年金制度の実施に責任を有する保険機関（その連合組織を含む。）をいい，カナダについては，権限のある当局をいう。

(f)　「保険期間」とは，日本国については，日本国の法令による保険料納付期間及び当該法令において給付を受ける権利の確立に際して考慮されるその他の期間をいい，カナダについては，カナダ年金制度法による給付を受ける権利の取得のために用いられる保険料納付期間及び同法により障害年金が支給される期間をいう。

(g)　「カナダ居住期間」とは，カナダについては，老齢保障法による給付を受ける権利の取得のために用いられる期間をいう。

(h)　「給付」とは，いずれか一方の締約国の法令による年金その他の現金給付をいう。

2　この協定の適用上，この協定において定義されていない用語は，各々の締約国の法令において与えられている意味を有するものとする。

第３条　この協定の適用範囲

1　この協定は，

（a）　日本国については，次に掲げる日本国の年金制度について適用する。

（ⅰ）　国民年金（国民年金基金を除く。）

（ⅱ）　厚生年金保険（厚生年金基金を除く。）

（ⅲ）　国家公務員共済年金

（ⅳ）　地方公務員等共済年金（地方議会議員の年金制度を除く。）

（ⅴ）　私立学校教職員共済年金

　　（（ⅱ）から（ⅴ）までに掲げる日本国の年金制度を以下「日本国の被用者年金制度」という。）

　　ただし，この協定の適用上，国民年金には，老齢福祉年金その他の福祉的目的のため経過的又は補完的に支給される年金であって，専ら又は主として国庫を財源として支給されるものを含めない。

（b）　カナダについては，次に掲げるカナダの法律及び規則について適用する。

（ⅰ）　老齢保障法及び同法に基づいて作成された規則

（ⅱ）　カナダ年金制度法及び同法に基づいて作成された規則

2　カナダについては，この協定は，１（b）に掲げる法律及び規則を改正し，補足し，統合し，又は代替する法律及び規則についても適用する。

第４条　待遇の平等及び海外への給付の支払

1　一方の締約国の法令の適用を受けているか又は受けたことがある者及びこれらの者に由来する権利を有するその他の者であって，他方の締約国の領域内に通常居住するものは，当該他方の締約国の法令の適用に際して，当該他方の締約国の国民と同等の待遇を受ける。ただし，この規定は，日本国の領域外に通常居住することに基づいて日本国民に対して認められる合算対象期間に関する日本国の法令の規定に影響を及ぼすものではない。

2　一方の締約国の領域外に通常居住すること又は当該領域内にいないことのみを理由として給付を受ける権利の取得又は給付の支払を制限する当該一方の締約国の法令の規定は，他方の締約国の領域内に通常居住する者には適用しない。ただし，この規定は，次に掲げる規定に影響を及ぼすものではない。

（a）　初診日又は死亡日において60歳以上65歳未満であった者に関して障害基礎年金又は遺族基礎年金を受ける権利の取得のために日本国の領域内に通常居住していることを要件として定めた日本国の法令の規定

（b）　カナダの領域外に居住する者（その居住の期間を問わない。）に関して年金を受ける権利の取得のために最小限のカナダ居住期間を有することを要件として定めたカナダの老齢保障法の規定。この（b）の規定は，カナダの領域外に居住する者に対して年金を支給する場合において必要なときは，第６条３及び４（a）の規定に従ってカナダ

208

居住期間及び日本国の法令による保険期間を通算することにより，カナダの老齢保障法による最小限のカナダ居住期間に関する要件が満たされることに影響を及ぼすものではない。

(c)　カナダの領域外に居住する者に対する手当及び所得保障付加金並びにこれらと同様のその他の給付であってこの協定の効力発生後に導入され，かつ，両締約国によって合意されるものの支給に関するカナダの老齢保障法の規定

3　一方の締約国の法令の適用を受けているか又は受けたことがある者及びこれらの者に由来する権利を有するその他の者に対して他方の締約国の法令により支給される給付は，それらの者が第三国の領域内に通常居住する場合には，当該第三国の領域内に通常居住する当該他方の締約国の国民に対して支給する場合と同一の条件で支給する。

第５条　適用法令に関する規定

1　この条に別段の定めがある場合を除くほか，いずれか一方の締約国の領域内において被用者又は自営業者として就労する者については，その被用者又は自営業者としての就労に関し，当該一方の締約国の法令のみを適用する。

2　5の規定に従うことを条件として，一方の締約国の法令に基づく年金制度に加入し，かつ，当該一方の締約国の領域内に事業所を有する雇用者に当該領域内において通常雇用されている者が，当該雇用者により当該一方の締約国の領域から他方の締約国の領域内において就労するために派遣される場合には，その派遣の期間が5年を超えるものと見込まれないことを条件として，その雇用に関し，その被用者が当該一方の締約国の領域内において就労しているものとみなして当該一方の締約国の法令のみを適用する。当該派遣が五年を超えて継続される場合には，当該他方の締約国の権限のある当局又は実施機関は，当該一方の締約国の権限のある当局又は実施機関の事前の同意を得て，引き続き当該他方の締約国の法令の適用を免除することができる。この規定の適用上，カナダの領域内の雇用者によりカナダの領域内から日本国の領域内における当該雇用者の関連企業へ派遣される被用者の場合には，その雇用についてカナダの法令が適用されることを条件として，当該雇用者及び当該雇用者の関連企業は，同一の雇用者とみなす。

3　2の規定は，雇用者により一方の締約国の領域から第三国の領域に派遣されていた者が，その後，当該雇用者により当該第三国の領域から他方の締約国の領域に派遣される場合にも適用される。

4　一方の締約国の法令に基づく年金制度に加入し，かつ，通常当該一方の締約国の領域内において自営業者として就労する者が，一時的に他方の締約国の領域内において自営業者として就労する場合には，当該他方の締約国の領域内における自営活動の期間が5年を超えるものと見込まれないことを条件として，当該自営活動に関し，その者が当該一方の締約国の領域内において就労しているものとみなして当該一方の締約国の法令のみを適用する。当該自営活動が5年を超えて継続される場合には，当該他方の締約国の権限のある当局又は実施機関は，当該一方の締約国の権限のある当局又は実施機関の事

前の同意を得て，引き続き当該他方の締約国の法令の適用を免除することができる。

5（a）　この協定は，1961年4月18日の外交関係に関するウィーン条約又は1963年4月24日の領事関係に関するウィーン条約の規定に影響を及ぼすものではない。

（b）　（a）の規定に従うことを条件として，カナダの領域内において政府に雇用される者がその雇用の一環として日本国の領域内において就労するために派遣される場合には，当該雇用に関し，カナダの法令のみを適用する。

（c）　（a）の規定に従うことを条件として，日本国の公務員又は日本国の法令において公務員として取り扱われる者がカナダの領域内において就労するために派遣される場合には，その就労に関し，日本国の法令のみを適用する。

6　日本国の権限のある当局又は実施機関及びカナダの権限のある当局は，特定の者又は特定の範囲の者の利益のため，これらの特定の者又は特定の範囲の者にいずれか一方の締約国の法令が適用されることを条件として，この条の規定の例外を認めることについて合意することができる。

7　日本国の領域内において就労する者であって，2，4，5（b）又は6の規定によりカナダの法令の適用を受けるものに随伴する配偶者又は子については，

（a）　当該配偶者又は子が日本国民以外の者である場合には，日本国の法令は，適用しない。ただし，当該配偶者又は子が別段の申出を行う場合には，この（a）の規定は，適用しない。

（b）　当該配偶者又は子が日本国民である場合には，日本国の法令の適用の免除は，日本国の法令に従って決定する。

8　この条の規定は，日本国については，日本国の法令における強制加入についてのみ適用する。

第6条　カナダの法令による給付に関する規定

カナダについては，次の規定を適用する。

1　老齢保障法による給付の額の計算に当たっては，

（a）　ある者が日本国の領域内に滞在し，又は居住する期間中にカナダ年金制度法又はカナダの州の包括的な年金制度の適用を受ける場合には，その者並びにその者の配偶者（その者と内縁関係にある者を含む。以下この1及び2において同じ。）及び被扶養者（その者と同居し，かつ，日本国の法令の適用を受けていない配偶者及び被扶養者に限る。）については，当該期間は，カナダ居住期間とみなす。

（b）　ある者がカナダの領域内に滞在し，又は居住する期間中に日本国の法令の適用を受ける場合には，その者並びにその者の配偶者及び被扶養者（その者と同居し，かつ，被用者又は自営業者としての就労を理由とするカナダ年金制度法又はカナダの州の包括的な年金制度の適用を受けていない配偶者及び被扶養者に限る。）については，当該期間は，カナダ居住期間として考慮しない。

2　1の規定の適用に当たっては，

(a)　ある者が日本国の領域内に滞在し，又は居住する期間中にカナダ年金制度法又は
カナダの州の包括的な年金制度の適用を受ける場合とは，その者が当該期間について
被用者又は自営業者としての就労を理由として同法又は当該制度に基づく保険料を納
付する場合をいう。その者と同居しているその者の配偶者及び被扶養者については，
当該配偶者又は当該被扶養者が日本国の領域内に滞在し，又は居住する期間中第2号
被保険者として国民年金制度の適用を受ける場合にのみ，当該期間中日本国の法令の
適用を受けているものとみなす。

(b)　ある者がカナダの領域内に滞在し，又は居住する期間中に日本国の法令の適用を
受ける場合とは，その者が当該期間中国民年金制度の適用を受ける場合をいう（その
者の配偶者及び被扶養者が当該期間中に当該法令の適用を受ける場合についても，同
様とする。）。その者と同居しているその者の配偶者及び被扶養者については，当該配
偶者又は当該被扶養者がカナダの領域内に滞在し，又は居住する期間について被用者
又は自営業者としての就労を理由としてカナダ年金制度法又はカナダの州の包括的な
年金制度に基づく保険料を納付する場合にのみ，当該期間中同法又は当該制度の適用
を受けているものとみなす。

3　老齢保障法による少なくとも1年のカナダ居住期間又はカナダ年金制度法による少な
くとも1年の保険期間を有するが，老齢保障法又はカナダ年金制度法による給付を受け
る権利の確立のための要件を満たすのに十分なカナダ居住期間又は保険期間を有しない
者については，この条の規定に基づいて給付を受ける権利を確立するため，カナダの実
施機関は，4及び7の規定に従い，日本国の法令による保険期間であってカナダの法令
によるカナダ居住期間又は保険期間と重複しないものを考慮する。

4　(a)　3の規定の適用により老齢保障法による給付を受ける権利を確立するため，カナ
ダの実施機関は，次の（i）及び（ii）の期間を考慮する。

（i）　日本国の実施機関により証明された日本国の法令による保険期間（1952年1月
1日以後の暦月に係るものに限る。）であって，カナダの法令に従いカナダ居住期間
として取り扱われる期間

（ii）　1952年1月1日以後のカナダ居住期間

(b)　3の規定の適用によりカナダ年金制度法による給付を受ける権利を確立するため，
カナダの実施機関は，カナダの法令に従い，日本国の法令による少なくとも3箇月の
保険期間（日本国の実施機関により証明されたものに限る。）を含む1暦年を，1年の
保険期間として考慮する。

5　(a)　老齢保障法による年金又は手当を受ける権利が3の規定の適用により初めて確立
される者については，カナダの実施機関は，同法により考慮される1952年1月1日以
後のカナダ居住期間のみを基礎として，部分年金又は部分手当の支給に関する同法の
規定に従って，その者に支給される当該年金又は手当の額を計算する。

(b)　(a)の規定は，カナダの領域外に居住する者（カナダの領域内に居住していたな

らば満額年金を受ける権利を有する者に限る。）であって，カナダの領域外において年金を受けるための要件として老齢保障法が定める最小限のカナダ居住期間を有しないものについても，適用する。

6　カナダ年金制度法による給付を受ける権利が3の規定の適用により初めて確立される者については，カナダの実施機関は，その者に支給される当該給付の額を次の方法により計算する。

（a）　当該給付の所得比例部分については，専ら当該給付の額の計算の基礎となる所得に基づき，カナダ年金制度法の規定に従って決定する。

（b）　当該給付の定額部分については，次のに規定する額に次のに規定する比率を乗じて決定する。

（ⅰ）　カナダ年金制度法の規定に従って決定される当該給付の定額部分の額

（ⅱ）　当該給付を受ける権利を確立するための要件としてカナダ年金制度法が定める最小限の受給資格期間に対する同法による保険料納付期間の比率。ただし，当該比率は一を超えない。

7　3及び4の規定の適用に当たっては，日本国の法令による保険期間には，日本国の領域外に通常居住することに基づいて日本国民に対して認められる合算対象期間を含めない。

第7条　日本国の法令による給付に関する規定

日本国については，次の規定を適用する。

1（a）　日本国の法令による給付を受ける権利の取得のための要件を満たすのに十分な保険期間を有しない者について，この条の規定に基づいて給付を受ける権利を確立するため，日本国の実施機関は，カナダ年金制度法による保険期間を考慮する。

（b）　（a）の規定は，日本国の法令による給付であって次に掲げるものについては，適用しない。

（ⅰ）　厚生年金保険の障害手当金

（ⅱ）　各共済年金の障害一時金

（ⅲ）　各共済年金の職域加算年金

（ⅳ）　厚生年金保険の外国人脱退一時金及び各共済年金の外国人脱退一時金

（ⅴ）　厚生年金保険の脱退手当金及び各共済年金の脱退一時金

（ⅵ）　各共済年金の特例死亡一時金

（ⅶ）　（ⅰ）から（ⅵ）までに掲げる給付と同様のその他の給付であって，この協定の効力発生後に導入され，かつ，両締約国によって合意されるもの

2　1（a）の規定の適用に当たっては，

（a）　日本国の実施機関は，各暦年について，カナダ年金制度法による一年の保険期間（カナダの実施機関により証明されたものに限る。）ごとに12箇月の保険期間を付与する。日本国の実施機関により付与される保険期間には，日本国の法令により保険期

間として既に算入された月を含めない。ここの規定により付与される保険期間の月数及び日本国の法令により保険期間として既に算入された月数の総数は，1暦年について12を超えない。

(b)　カナダ年金制度法による保険期間は，日本国の被用者年金制度の保険期間及び国民年金における第2号被保険者としての保険期間として考慮する。

3 (a)　日本国の法令が，障害年金又は遺族年金を受ける権利の確立のために初診日又は死亡日が特定の保険期間中にあることを要件として定めている場合において，初診日又は死亡日がカナダ年金制度法による保険期間中にあるときは，当該年金を受ける権利の確立に当たり当該要件は満たされたものとみなす。ただし，国民年金の下での障害年金又は遺族年金を受ける権利がこの3の規定を適用しなくても確立される場合には，この3の規定は，日本国の被用者年金制度の下での同一の保険事故に基づく障害年金又は遺族年金を受ける権利の確立に当たっては，適用しない。

(b)　(a)の規定の適用に当たっては，2以上の日本国の被用者年金制度における保険期間を有する者については，に規定する要件は，日本国の法令に従って，1の日本国の被用者年金制度につき満たされたものとみなす。

4　1 (a)又は3 (a)の規定の適用により日本国の法令による給付を受ける権利が確立される場合には，5から9までの規定に従うことを条件として，日本国の実施機関は，日本国の法令に従って当該給付の額を計算する。

5　障害基礎年金その他の保険期間にかかわらず一定額が支給される給付に関しては，当該給付を受けるための要件が1 (a)又は3 (a)の規定の適用により満たされる場合には，支給される当該給付の額は，7に規定する理論的加入期間に対する当該給付が支給される年金制度における保険料納付期間及び保険料免除期間を合算した期間の比率に基づいて計算する。

6　日本国の被用者年金制度の下での障害年金及び遺族年金（日本国の被用者年金制度における保険期間が日本国の法令上定められた期間に満たない場合に支給されるものであって，支給される当該年金の額が当該定められた期間に基づいて計算されるものに限る。）に関しては，当該年金を受けるための要件が1 (a)又は3 (a)の規定の適用により満たされる場合には，支給される当該年金の額は，7に規定する理論的加入期間に対する日本国の被用者年金制度における保険期間の比率に基づいて計算する。ただし，理論的加入期間が当該定められた期間を超える場合には，理論的加入期間は，当該定められた期間と同一の期間とする。

7　5及び6の規定の適用上，「理論的加入期間」とは，次に掲げる期間を合算した期間（障害が認定された日の属する月の後の期間又は死亡した日の翌日の属する月から始まる期間を除く。）をいう。

(a)　20歳に達した日の属する月から60歳に達した日の属する月の前月までの期間（1961年4月1日より前の期間を除く。）

(b)　(a)に規定する期間と重複しない日本国の法令による保険料納付期間

(c)　障害が認定された日の属する月又は死亡した日の翌日の属する月の前月がに規定する期間前にある場合には，に規定する期間と重複しないカナダ年金制度法による保険期間

8　5及び6の規定による日本国の被用者年金制度の下での給付の額の計算に関しては，当該給付を受ける権利を有する者が2以上の日本国の被用者年金制度における保険期間を有する場合には，5に規定する保険料納付期間又は6に規定する保険期間は，当該2以上の日本国の被用者年金制度における保険期間を合算した期間とする。ただし，当該合算した期間が6に規定する日本国の法令上定められた期間に等しいか又はこれを超える場合には，6及びこの8に規定する計算方法は，適用しない。

9　老齢厚生年金の一部である配偶者加給その他の日本国の被用者年金制度における保険期間が日本国の法令上定められた期間に等しいか又はこれを超える場合に一定額が支給される給付に関しては，当該給付を受けるための要件が1の規定の適用により満たされる場合には，支給される当該給付の額は，当該定められた期間に対する当該給付が支給される日本国の被用者年金制度における保険期間の比率に基づいて計算する。

第8条　権限のある当局の任務

両締約国の権限のある当局は，

(a)　この協定の実施のために必要な行政上の措置について合意する。

(b)　この協定の実施のために連絡機関を指定する。

(c)　自国の法令その他の事項の変更（この協定の実施に影響を及ぼすものに限る。）に関するすべての情報をできる限り速やかに相互に通報する。）

第9条　相互援助

両締約国の権限のある当局及び実施機関は，それぞれの権限の範囲内で，この協定の実施のために相互に援助する。この援助は，無償で行う。

第10条　情報の秘密性

1　一方の締約国の権限のある当局又は実施機関は，当該一方の締約国の法令の下で収集された個人に関する情報（この協定の実施のために必要なものに限る。）を当該一方の締約国の法律及び規則に従って他方の締約国の権限のある当局又は実施機関に伝達する。

2　一方の締約国の法律及び規則により特に必要とされない限り，この協定に従って他方の締約国により当該一方の締約国に対し伝達される個人に関する情報は，専らこの協定を実施する目的のために使用する。一方の締約国が受領するこれらの情報は，個人に関する情報の秘密の保護のための当該一方の締約国の法律及び規則により規律される。

第11条　手数料及び認証

1　一方の締約国の法令（日本国については，他の法律及び規則を含む。）において，当該一方の締約国の法令の適用上提出すべき文書に係る行政上又は領事事務上の手数料の免除又は軽減に関する規定があるときは，当該規定は，この協定及び他方の締約国の法令

の適用上提出すべき文書についても適用する。

2　この協定及び一方の締約国の法令の適用上提出される文書については，外交機関又は領事機関による認証その他これに類する手続を要しない。

第12条　使用言語

1　両締約国の権限のある当局及び実施機関は，この協定の実施に必要な場合には，相互に，及び関係者（その居住地を問わない。）に対して，直接連絡することができる。この連絡は，両締約国のそれぞれの言語により行うことができる。

2　この協定の実施に際して，一方の締約国の権限のある当局及び実施機関は，他方の締約国の言語で作成されていることを理由として申請書その他の文書の受理を拒否してはならない。

第13条　申請，不服申立て及び申告

1　一方の締約国の法令による書面による給付の申請，不服申立て又はその他の申告が他方の締約国の法令による類似の申請，不服申立て又はその他の申告を受理する権限を有する当該他方の締約国の権限のある当局又は実施機関に対して提出された場合には，当該給付の申請，不服申立て又はその他の申告は，その提出の日に当該一方の締約国の権限のある当局又は実施機関に対して提出されたものとみなし，当該一方の締約国の手続及び法令に従って取り扱う。

2　この条の規定が適用される場合には，給付の申請，不服申立て又はその他の申告が提出された一方の締約国の権限のある当局又は実施機関は，これを遅滞なく他方の締約国の権限のある当局又は実施機関に伝達する。

第14条　給付の支払

この協定に係る給付の支払は，いずれの締約国の通貨によっても行うことができる。

第15条　意見の相違の解決

1　両締約国は，この協定の解釈又は適用に関するいかなる意見の相違も交渉により解決するためにあらゆる合理的な努力を払う。

2　1の規定により意見の相違を解決することができない場合には，当該意見の相違は，いずれか一方の締約国の要請により，次の方法により個々の事案ごとに設置される仲裁裁判所に決定のため付託する。

（a）　各締約国は，一方の締約国が他方の締約国に対し仲裁の要請を外交上の経路を通じて通告した日の翌日から60日以内に各1人の仲裁人を任命する。この2人の仲裁人は，第三の仲裁人を仲裁裁判所の議長として任命することに合意する。当該第三の仲裁人は，いずれの締約国の国民であってもならず，また，当該各1人の仲裁人を任命した締約国のうちいずれか遅い方の任命を行った締約国が他方の締約国に対し当該任命を通告した日の翌日から30日以内に，任命されなければならない。

（b）　（a）に規定する各々の期間内に，いずれか一方の締約国が仲裁人を任命することができない場合又は議長について両締約国の任命した仲裁人が合意しない場合には，

いずれの締約国も，国際司法裁判所長に対し，必要な任命を行うことを要請することができる。同所長がいずれか一方の締約国の国民である場合又はその他の理由により任命を行うことができない場合には，国際司法裁判所次長（同次長も任命を行うことができない場合には，国際司法裁判所の最も上席の裁判官で任命を行うことができるもの）に対して任命を行うよう要請することができる。

3　仲裁裁判所の決定は，両締約国に対し最終的なかつ拘束力のあるものとし，投票の過半数による議決で行う。

4　仲裁裁判所が別段の決定を行う場合を除くほか，各締約国は，自国が任命した仲裁人に係る費用及び自国が仲裁に参加する費用を負担する。

（a）　各締約国は，自国が任命した仲裁人に係る費用及び自国が仲裁に参加する費用を負担する。

（b）　議長に係る費用その他の経費は，両締約国の間で折半して負担する。

5　仲裁裁判所は，その手続規則を定める。

第 16 条　カナダの州との合意

日本国の権限のある当局及びカナダの州は，カナダの州の管轄の下にある社会保障に係る事項について合意することができる。ただし，その合意がこの協定の規定に反しない場合に限る。

第 17 条　見出し

この協定中の条の見出しは，引用上の便宜のためにのみ付されたものであって，この協定の解釈に影響を及ぼすものではない。

第 18 条　経過規定

1　この協定は，その効力発生前には給付を受ける権利を確立させるものではない。また，この協定は，カナダについては，その効力発生前に死亡した場合のカナダ年金制度法による死亡一時金を受ける権利についても確立させるものではない。

2　この協定の実施に当たっては，この協定の効力発生前の保険期間，カナダ居住期間及びその他の関連する事実を考慮する。

3　第 5 条 2 又は 4 の規定の適用に当たっては，これらの規定にいう派遣又は自営活動をこの協定の効力発生前に開始した者については，当該派遣又は自営活動の期間は，この協定の効力発生の日に開始したものとみなす。

4　この協定の効力発生前に行われた決定は，この協定により確立されるいかなる権利にも影響を及ぼすものではない。

5　この協定の適用の結果として，この協定の効力発生前に権利が確立された給付の額を減額してはならない。

第 19 条　効力発生

この協定は，両締約国が，この協定の効力発生に必要なそれぞれの法律上及び憲法上の要件が満たされた旨を相互に通告する外交上の公文を交換した月の後 4 箇月目の月の初日

に効力を生ずる。

第 20 条　有効期間及び終了

1　この協定は，いずれかの締約国が他方の締約国に対し，外交上の経路を通じて書面による協定の終了の通告を行う月の後 12 箇月目の月の末日まで効力を有する。

2　この協定が 1 の規定に従って終了する場合においても，この協定の下で取得された給付を受ける権利及び給付の支払に関する権利は維持される。

　以上の証拠として，下名は，各自の政府から正当に委任を受けてこの協定に署名した。

　2006 年 2 月 15 日に東京で，ひとしく正文である日本語，英語及びフランス語により本書 2 通を作成した。

日本国のために

麻生太郎

カナダのために

ジョセフ・キャロン

主要参考文献

1　国際私法

澤木敬郎・道垣内正人『国際私法入門〔第 8 版〕』（有斐閣，2018 年）

桜田嘉章『国際私法〔第 7 版〕』（有斐閣，2020 年）

奥田安弘『国際家族法〔第 2 版〕』（明石書店，2020 年）

神前禎『プレップ国際私法』（弘文堂，2015 年）

小出邦夫『一問一答　新しい国際私法』（商事法務，2006 年）

野村美明（編著）『ケースで学ぶ国際私法〔第 2 版〕』（法律文化社，2014 年）

桜田嘉章・道垣内正人（編）『国際私法判例百選〔第 2 版〕』（有斐閣，2012 年）

竹下啓介ほか「国際私法を鳥瞰する」法学教室 424 号（有斐閣，2016 年）

2　渉外相続実務

渉外家事事件研究会（編）『Q&A 渉外家事事件の実務と書式』（民事法研究会，2020年）

大谷美紀子（編）『最新　渉外家事事件の実務』（新日本法規出版，2015 年）

渉外司法書士協会（編）『ケースブック　渉外相続登記の実務』（民事法研究会，2020年）

山北英仁『渉外不動産登記の法律と実務』（日本加除出版，2014 年）

山北英仁『渉外不動産登記の法律と実務 2』（日本加除出版，2018 年）

最高裁判所事務総局家庭局（監修）『渉外家事事件執務提要（下）』（法曹会，2000 年）

第一東京弁護士会人権擁護委員会国際人権部会（編）『外国人の法律相談 Q&A（第四次改訂版）』（ぎょうせい，2019 年）

東京弁護士会外国人の権利に関する委員会（編）『外国人の法律相談　改訂版』（学陽書房，2018 年）

外国人ローヤリングネットワーク（編）『外国人事件ビギナーズ』（現代人文社，2020年）

3　国際法（国際公法）

岩沢雄司『国際法』（東京大学出版会，2020 年）

山本草二『国際法』（有斐閣，1994 年）

小寺彰ほか（編）『国際法判例百選〔第 2 版〕』（有斐閣，2011 年）

4　比較法

五十嵐清『比較法ハンドブック　第 3 版』（勁草書房，2019 年）

5　イギリス法

田島裕『イギリス法入門［第 2 版］』（信山社，2009 年）

大村敦志（監修）『相続法制の比較研究』（商事法務，2020 年）

田中英夫『英米法総論　上』（東京大学出版会，1980 年）

第一東京弁護士会人権擁護委員会国際人権部会（編）『外国人の法律相談 Q&A　第四次改定版』（ぎょうせい，2019 年）

山北英仁『渉外不動産登記の法律と実務』（日本加除出版，2014 年）

6　アメリカ法

大村敦志（監修）『相続法制の比較研究』（商事法務，2020 年）

渉外家事事件研究会（編）『Q&A 渉外家事事件の実務と書式』（民事法研究会，2020 年）

岩田太ほか『基礎から学べるアメリカ法』（弘文堂，2020 年）

伊藤正己ほか『アメリカ法入門［第 5 版］』（日本評論社，2012 年）

田中英夫『英米法総論　上』（東京大学出版会，1980 年）

第一東京弁護士会人権擁護委員会国際人権部会（編）『外国人の法律相談 Q&A　第四次改定版』（ぎょうせい，2019 年）

渉外司法書士協会（編）『ケースブック　渉外相続登記の実務』（民事法研究会，2020 年）

山北英仁『渉外不動産登記の法律と実務 2』（日本加除出版，2018 年）

7　オーストラリア法

渉外司法書士協会（編）『ケースブック　渉外相続登記の実務』（民事法研究会，2020 年）

8　フィリピン法

渉外司法書士協会（編）『ケースブック　渉外相続登記の実務』（民事法研究会，2020 年）

山北英仁『渉外不動産登記の法律と実務』（日本加除出版，2014 年）

9　インド法

渉外司法書士協会（編）『ケースブック　渉外相続登記の実務』（民事法研究会，2020年）

山北英仁『渉外不動産登記の法律と実務』（日本加除出版，2014年）

10　中華人民共和国（中国）法

孫海萍（編著）『新しい中国民法』（商事法務，2021年）

高見澤磨ほか『現代中国法入門〔第8版〕』（有斐閣，2019年）

日本加除出版法令編纂室（編）『戸籍実務六法〔令和三年版〕』（日本加除出版，2020年）

第一東京弁護士会人権擁護委員会国際人権部会（編）『外国人の法律相談Q&A　第四次改定版』（ぎょうせい，2019年）

木棚照一「韓国・北朝鮮，中国・台湾を本国とする者の相続をめぐる諸問題」（早法76巻3号，2001年）

渉外司法書士協会（編）『ケースブック　渉外相続登記の実務』（民事法研究会，2020年）

山北英仁『渉外不動産登記の法律と実務』（日本加除出版，2014年）

11　中華民国（台湾）法

大村敦志（監修）『相続法制の比較研究』（商事法務，2020年）

日本加除出版法令編纂室（編）『戸籍実務六法〔令和三年版〕』（日本加除出版，2020年）

第一東京弁護士会人権擁護委員会国際人権部会（編）『外国人の法律相談Q&A　第四次改定版』（ぎょうせい，2019年）

木棚照一「韓国・北朝鮮，中国・台湾を本国とする者の相続をめぐる諸問題」（早法76巻3号，2001年）

渉外司法書士協会（編）『ケースブック　渉外相続登記の実務』（民事法研究会，2020年）

山北英仁『渉外不動産登記の法律と実務』（日本加除出版，2014年）

12　大韓民国（韓国）法

大村敦志（監修）『相続法制の比較研究』（商事法務，2020年）

渉外家事事件研究会（編）『Q&A渉外家事事件の実務と書式』（民事法研究会，2020

年）

在日コリアン弁護士協会（編）『第 2 版　Q&A　新・韓国家族法』（日本加除出版，2015 年）

日本加除出版法令編纂室（編）『戸籍実務六法〔令和三年版〕』（日本加除出版，2020 年）

第一東京弁護士会人権擁護委員会国際人権部会（編）『外国人の法律相談 Q&A　第四次改定版』（ぎょうせい，2019 年）

木棚照一「韓国・北朝鮮，中国・台湾を本国とする者の相続をめぐる諸問題」（早法76 巻 3 号，2001 年）

渉外司法書士協会（編）『ケースブック　渉外相続登記の実務』（民事法研究会，2020 年）

「定住外国人と家族法」研究会『「在日」の家族法　Q&A〔第 3 版〕』（日本評論者，2010 年）

山北英仁『渉外不動産登記の法律と実務』（日本加除出版，2014 年）

13　朝鮮民主主義人民共和国（北朝鮮）法

第一東京弁護士会人権擁護委員会国際人権部会（編）『外国人の法律相談 Q&A　第四次改定版』（ぎょうせい，2019 年）

木棚照一「韓国・北朝鮮，中国・台湾を本国とする者の相続をめぐる諸問題」（早法76 巻 3 号，2001 年）

渉外司法書士協会（編）『ケースブック　渉外相続登記の実務』（民事法研究会，2020 年）

14　フランス法

大村敦志（監修）『相続法制の比較研究』（商事法務，2020 年）

滝沢正『フランス法　第 5 版』（三省堂，2018 年）

山口俊夫『概説フランス法　上』（東京大学出版会，1978 年）

渉外司法書士協会（編）『ケースブック　渉外相続登記の実務』（民事法研究会，2020 年）

15　ドイツ法

大村敦志（監修）『相続法制の比較研究』（商事法務，2020 年）

村上淳一ほか『ドイツ法入門〔改訂第 9 版〕』（有斐閣，2018 年）渉外司法書士協会

（編）『ケースブック　渉外相続登記の実務』（民事法研究会，2020 年）

16　ロシア法
小田博『ロシア法』（東京大学出版会，2015 年）

17　辞典
中里実ほか（編）『判例六法　Professional　令和 3 年版』（有斐閣，2020 年）
日本加除出版法令編纂室（編）『戸籍実務六法〔令和三年版〕』（日本加除出版，2019 年）
岩沢雄司ほか（編）『国際条約集　2021 年版』（有斐閣，2021 年）
高橋和之ほか（編）『法律学小辞典［第 5 版］』（有斐閣，2016 年）

18　外国法調査
鮎京正訓（編）『アジア法ガイドブック』（名古屋大学出版会，2009 年）
阿部博友ほか（編著）『世界の法律情報―グローバル・リーガル・リサーチ―』（文眞堂，2016 年）
弥永真生『法律学習マニュアル〔第 4 版〕』（有斐閣，2016 年）
いしかわまりこほか『リーガルリサーチ［第 5 版］』（日本評論社，2016 年）

19　翻訳
シャーリー・テイラー著，細田京子翻訳・監修『英文ビジネスライティング大全』（桐原書店，2014 年）

判 例 索 引

事 項 索 引

232

著 者 紹 介

岡田　忠興（おかだ　ただおき）

1988 年	東北大学法学部卒業
同　年	読売新聞東京本社入社（編集記者）
2008 年	琉球大学大学院法務研究科（法科大学院）修了（法務博士）
2010 年	行政書士登録
2015 年	特定行政書士登録
現　在	岡田行政書士事務所代表，出入国在留管理庁申請取次行政書士，長野県行政書士会理事・研修部長，長野地方裁判所民事調停委員，長野家庭裁判所家事調停委員，全国通訳案内士（英語），長野県地域共生コミュニケーター，松本市多文化共生推進協議会委員，松本市多文化共生プラザ相談員（英語/日本語），松本市中央公民館日本語講座スタッフ，通訳人登録（長野地検，長野県警）
著　書	『特定行政書士法定研修考査　合格対策　要点解説と模擬問題』（税務経理協会，2019 年）

編著者との契約により検印省略

令和3年3月25日 初版発行

行政書士
渉外相続業務
「外国法調査・手続」と
「国際私法の基礎」

著　者　岡　田　忠　興
発　行　者　大　坪　克　行
印　刷　所　美研プリンティング株式会社
製　本　所　牧製本印刷株式会社

発行所　東京都新宿区
下落合2丁目5番13号　株式会社　税務経理協会

郵便番号 161-0033　振替 00190-2-187408　電話 (03)3953-3301 (大代表)
FAX (03)3565-3391　　　　(03)3953-3325 (営業代表)
URL　http://www.zeikei.co.jp/
乱丁・落丁の場合はお取替えいたします。

printed in Japan

ISBN978—4—419—06773—1　C3032